Lieber Leser,

ich freue mich sehr, dass Du mein allererstes Werk in Händen hältst.

Dieses Buch ist chronologisch wie ein Kalender aufgebaut.
Es beginnt mit der Bibelstelle aus Johannes 1,1 und endet mit Jeremia 31,12.

Suchst Du ein spezielles Datum, zum Beispiel Deinen Geburtstag? Dann schlage doch die Bibelstelle auf, die Deinem Geburtstag entspricht. Die Bibelstelle selbst ist das Datum.

Mir hat es sehr viel Spaß gemacht, dieses Buch zu erstellen. Zutritt zu diesem Buch haben ausschließlich Bibelstellen, deren Kapitelzahl 31 und deren Verszahl 12 nicht übersteigt - deshalb war die Auswahl an Bibelversen im hinteren Monatsbereich sehr begrenzt.

Die Bibelverse sind den Luther-Übersetzungen von 1912 und 2017, der Gute Nachricht Bibel und der BasisBibel entnommen.

Etwa ein Drittel der Fotos wurden von mir selbst und Freunden gemacht. Einige Fotografien entstanden im Landkreis Hof - meiner Heimat. Der Rest der Fotos stammt von professionellen Fotografen, deren Werke im Internet zugänglich sind. Die jeweiligen Fotografen sind im Quellenverzeichnis benannt.

Die Bibel hat ca. 31100 Verse - dieses Buch nur 366. Grob gerechnet befindet sich in diesem Buch etwas über 1 % der Bibel. Ich hoffe, dass ich Dich mit diesem kleinen Prozentsatz zu 100 % anspreche.

Die Gedichte von Ingrid Munzert am Ende des Buches bilden den Abschluss.

Nun wünsche ich Dir viel Spaß beim Durchblättern und Entdecken - Du wirst bekannten und weniger bekannten Bibelversen begegnen. Vielleicht bleiben Dir einige Bibelverse hängen oder Du bekommst sogar Lust auf die restlichen 99 % der Bibel.

Viele Grüße und Gottes reichen Segen

Sabine Heim

Mein Dank geht an

- meinen Mann Wolfgang, der mich viele Tage nur vor dem Computer sah

- Thomas Bubeck, der die Bilder und Verse miteinander bekannt machte und grafisch darstellte

- meine Freunde, deren Fotos ich verwenden durfte

- Ingrid Munzert für das Bereitstellen ihrer Gedichte

- Uwe Engels, der mich ermutigte, meine Idee umzusetzen

- Jesus Christus, der mir die Idee für dieses spannende Projekt schenkte

IM ANFANG WAR DAS WORT,
UND DAS WORT WAR BEI GOTT,
UND GOTT WAR DAS WORT.
JOHANNES 1,1

Der HERR aber schickte einen großen Fisch, der Jona verschlang. Und Jona war drei Tage und drei Nächte lang im Bauch des Fisches.
Jona 2,1

Sehet, welch eine LIEBE hat uns der Vater erzeigt, dass wir Gottes Kinder sollen heißen!
1. Johannes 3,1

Ihr Herren, behandelt eure Sklaven, wie es recht und billig ist. Seid euch bewusst, dass auch ihr im Himmel einen Herrn habt.
Kolosser 4,1

Nachdem wir nun
aufgrund des Glaubens
bei Gott angenommen sind,
haben wir **FRIEDEN**
mit Gott.

Das verdanken wir
Jesus Christus,
unserem Herrn.   Römer 5,1

Kommt,
wir wollen
zum HERRN
umkehren!
Hosea 6,1

RICHTET NICHT,
auf dass ihr nicht
gerichtet werdet.
Matthäus 7,1

FÜRCHTE DICH NICHT UND ZAGE NICHT!
JOSUA 8.1

Das Volk, das im Finstern wandelt, sieht ein großes Licht;

Wahrlich, wahrlich ich sage euch:
Wer nicht zur Tür hineingeht
in den Schafstall, sondern steigt
anderswo hinein, der ist ein Dieb
und ein Mörder.   Johannes 10,1

und über die da wohnen im finstern Lande, scheint es hell.

Jesaja 9,1

Falsche Waage ist
dem HERRN ein Gräuel;
aber völliges Gewicht
ist sein Wohlgefallen.
Sprüche 11,1

GEDENKE

an deinen Schöpfer in deiner Jugend, ehe denn die bösen Tage kommen und die Jahre herzutreten, da du wirst sagen: sie gefallen mir nicht.

Prediger 12,1

EIN KLUGER SOHN LÄSST SICH DURCH DEN VATER ERZIEHEN. ABER EIN SPÖTTER ÜBERHÖRT JEDE ZURECHTWEISUNG.

Sprüche 13,1

Euer Herz erschrecke nicht!

Glaubet an Gott und glaubet an mich!

Johannes 14,1

Ich will dem HERRN singen, denn er hat eine herrliche Tat getan. 2.Mose 15,1

Bewahre mich, Gott; denn ich traue auf dich.

Psalm 16,1

Besser ein Stück trockenes **BROT** in Ruhe essen, als ein großes Festmahl und Streit dabei.

Sprüche 17,1

DANACH SAH ICH EINEN ANDEREN ENGEL VOM HIMMEL HERABSTEIGEN.

ER HATTE GROSSE MACHT, UND DIE ERDE WURDE VON SEINER HERRLICHKEIT ERLEUCHTET.

Offenbarung 18,1

Danach hörte ich etwas, das so gewaltig klang wie die Stimmen einer großen Schar im Himmel. Sie riefen: HALLELUJA! Von Gott kommt Rettung. Ihm gebührt die Ehre, und ihm gehört die Macht!

Offenbarung 19,1

Wenn du in einen Krieg ziehst wider deine Feinde und siehst Rosse und Wagen eines Volks, das größer ist als du, so fürchte dich nicht vor ihnen; denn der HERR, dein Gott, der dich aus Ägyptenland geführt hat, ist mit dir.

5.Mose 20,1

Und der HERR suchte Sarah heim, wie er geredet hatte, und tat mit ihr, wie er geredet hatte.

1.Mose 21,1

Die Tochter der Autorin heißt Sarah Heim

Wenn du deines Bruders Rind oder Schaf irregehen siehst, so sollst du dich ihrer annehmen und sie wieder zu deinem Bruder führen. 5. Mose 22,1

Der HERR ist mein Hirte, mir wird nichts mangeln.

Psalm 23,1

HIRTE

Die Erde ist des HERRN und was darinnen ist, der Erdboden und was darauf wohnt. *Psalm 24,1*

NACH DIR, HERR, VERLANGT MICH.

Psalm 25,1

HERR, schaffe mir Recht; denn ich bin unschuldig!

Psalm 26,1

Der HERR ist mein Licht und mein Heil; vor wem sollte ich mich fürchten!
Der HERR ist meines Lebens Kraft; vor wem sollte mir grauen!

Psalm 27,1

DER GOTTLOSE FLIEHT, UND NIEMAND JAGT IHN; DER GERECHTE ABER IST GETROST WIE EIN JUNGER LÖWE. SPRÜCHE 28,1

ACHTUNG HUND !
BRIEFTRÄGER ⦀⦀ III
EINBRECHER ⦀ II
AUTOREIFEN ⦀⦀⦀ II
KATZEN ⦀⦀ I

Wer gegen alle **WARNUNG** halsstarrig ist, der wird plötzlich verderben ohne alle Hilfe.

Sprüche 29,1

Da Rahel sah, dass sie dem Jakob kein Kind gebar, beneidete sie ihre Schwester und sprach zu Jakob: Schaffe mir **KINDER**; wo nicht, so sterbe ich.

1.Mose 30,1

EINES TAGES ERFUHR JAKOB, WIE LABANS SÖHNE ÜBER IHN REDETEN. SIE SAGTEN: »JAKOB HAT SICH ALLES GENOMMEN, WAS UNSEREM VATER GEHÖRT. SEINEN GANZEN REICHTUM VERDANKT ER DEM BESITZ UNSERES VATERS.« 1.MOSE 31,1

GNADE sei mit euch und Friede von Gott, unserm Vater, und dem Herrn Jesus Christus!

1.Thessalonicher 1,2

Wo ist der neugeborene König der Juden? Wir haben seinen Stern gesehen im Morgenland und sind gekommen, ihn anzubeten. Matthäus 2,2

TRACHTET NACH DEM, WAS DROBEN IST, NICHT NACH DEM, WAS AUF ERDEN IST.

Kolosser 3,2

Haltet an am Gebet und wachet in demselben mit Danksagung!

Kolosser 4,2

Und Gott erschuf sie als **MANN** und als **FRAU**. Er segnete sie und gab ihnen den Namen »Mensch«.

1. Mose 5,2

Wenn

du also einem Bedürftigen etwas spendest, dann häng es nicht an die große Glocke! Benimm dich nicht wie die Scheinheiligen in den Synagogen und auf den Straßen. Sie wollen nur von den Menschen geehrt werden. Ich versichere euch: sie haben ihren Lohn bereits bekommen. *Matthäus 6,2*

Die Heuschrecken machten sich daran, alles Grün aufzufressen. Da sagte ich: »HERR, du mächtiger Gott, vergib doch deinem Volk! Wie kann es sonst überleben? Es ist ja so klein!«

Amos 7,2

HERR, unser Herrscher, wie herrlich ist dein Name in allen Landen, der du zeigst deine Hoheit am

Himmel!

Psalm 8,2

Du weckst lauten **Jubel**, du machst groß die **Freude**.

Jesaja 9,2

DIE ERNTE IST GROSS, DER ARBEITER ABER SIND WENIGE. BITTET DEN HERRN DER ERNTE, DASS ER ARBEITER AUSSENDE IN SEINE ERNTE.

LUKAS 10,2

MASSLOSIGKEIT zieht Schande nach sich. In der Bescheidenheit liegt Weisheit.

Sprüche 11,2

Es ist aber nichts verborgen, was nicht offenbar wird, und nichts geheim, was man nicht wissen wird.

Lukas 12,2

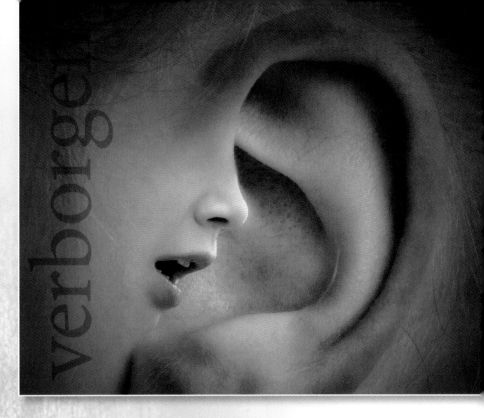

verborgen

WER DEN HERRN FÜRCHTET, DER WANDELT AUF RECHTER BAHN; WER IHN ABER VERACHTET, DER GEHT AUF ABWEGEN.

Sprüche 14,2

Gastfrei zu sein vergesset nicht; denn dadurch haben etliche ohne ihr Wissen Engel beherbergt.

Hebräer 13,2

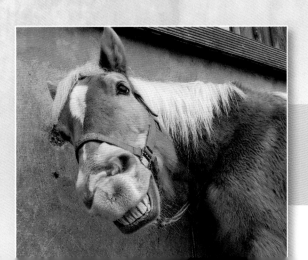

DER HERR IST MEINE STÄRKE UND MEIN LOBGESANG UND IST MEIN HEIL. 2.MOSE 15,2

DES ABENDS SPRECHT IHR: ES WIRD EIN SCHÖNER TAG WERDEN, DENN DER HIMMEL IST ROT.

MATTHÄUS 16,2

Du hast Jesus ja die Macht über alle Menschen gegeben, damit er denen, die du ihm anvertraut hast, ewiges Leben schenkt.

Johannes 17,2

Herzlich lieb habe ich dich, HERR, meine Stärke!

Psalm 18,2

Die Himmel erzählen die Ehre Gottes, und die Feste verkündigt seiner Hände Werk.

Psalm 19,2

Das Drohen des Königs ist wie das Brüllen eines Löwen; wer ihn erzürnt, der sündigt wider das eigene Leben. *Sprüche 20,2*

GEHT IN DAS DORF,

das vor euch liegt. Dort findet ihr gleich eine Eselin angebunden, zusammen mit ihrem Jungen. Bindet sie los und bringt sie mir. Matthäus 21,2

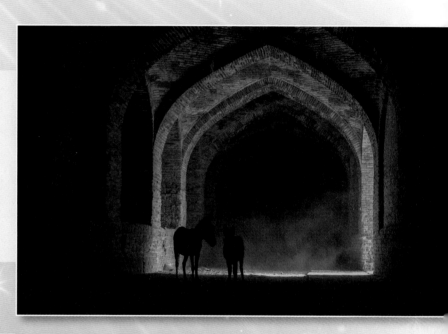

Und Josia tat, was dem Herrn wohlgefiel, und wandelte ganz in dem Wege seines Vaters David und wich nicht davon ab, weder zur Rechten noch zur Linken.

2.Könige 22,2

Er führet mich zum frischen Wasser.

Psalm 23,2

Jesus aber sprach zu ihnen:

SEHET IHR NICHT DAS ALLES?

Wahrlich ich sage euch: Es wird hier nicht ein Stein auf dem andern bleiben, der nicht zerbrochen werde.

Matthäus 24,2

Mein Gott, ich hoffe auf dich; lass mich nicht zu Schanden werden, dass sich meine Feinde nicht freuen über mich.

Psalm 25,2

Prüfe mich, HERR und versuche mich; läutere meine Nieren und mein Herz.

Psalm 26,2

Wenn meine **FEINDE** mich bedrängen, wenn sie mir voller Hass ans Leben wollen, dann stürzen sie und richten sich zugrunde.   *Psalm 27,2*

Höre die Stimme meines Flehens,

wenn ich zu dir schreie,
wenn ich meine Hände
aufhebe zu deinem
heiligen Tempel.

Psalm 28,2

Bringet dem **HERRN** die Ehre seines Namens; betet an den Herrn in heiligem Schmuck!

Psalm 29,2

Alle
Stätten,
darauf
EURE
FUSSSOHLEN
treten
werden,
habe
ich
euch
gegeben.
Josua 1,3

In Christus liegen verborgen alle Schätze der Weisheit und der Erkenntnis. Kolosser 2,3

Nur wenn jemand neu geboren wird, kann er das Reich Gottes sehen. Johannes 3,3

Und der Versucher trat zu ihm und sprach: Bist du Gottes Sohn, so sprich, dass diese Steine Brot werden.

Matthäus 4,3

Ehre die Witwen, die allein sind. 1.Timotheus 5,3

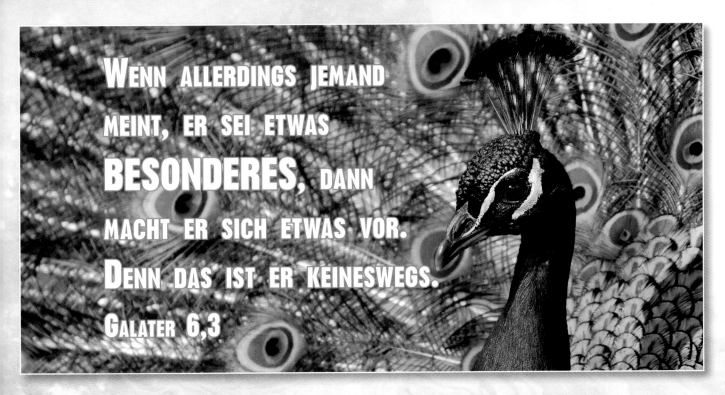

WENN ALLERDINGS JEMAND MEINT, ER SEI ETWAS BESONDERES, DANN MACHT ER SICH ETWAS VOR. DENN DAS IST ER KEINESWEGS.
GALATER 6,3

Was siehst du aber den Splitter in deines Bruders Auge, und wirst nicht gewahr des Balkens in deinem Auge? — Matthäus 7,3

So aber jemand Gott liebt, der ist von ihm erkannt.
1.Korinther 8,3

UND DA SAULUS AUF DEM WEGE WAR UND NAHE AN DAMASKUS KAM, UMLEUCHTETE IHN PLÖTZLICH EIN <u>LICHT</u> VOM HIMMEL.

APOSTELGESCHICHTE 9,3

Durch den Glauben merken wir, dass die Welt durch **GOTTES WORT** fertig ist, dass alles, was man sieht, aus nichts geworden ist. Hebräer 11,3

Der HERR lässt den Gerechten nicht Hunger leiden; aber die Gier der Gottlosen stößt er zurück.

Sprüche 10,3

ICH WILL SEGNEN, DIE DICH SEGNEN, UND VERFLUCHEN, DIE DICH VERFLUCHEN; UND IN DIR SOLLEN GESEGNET WERDEN ALLE GESCHLECHTER AUF ERDEN.   1.Mose 12,3

WER

seinen Mund bewahrt,
der bewahrt sein Leben;
wer aber mit seinem Maul
herausfährt, der kommt
in Schrecken.

Sprüche 13,3

UND WENN ICH HINGEHE,
EUCH DIE STÄTTE ZU
BEREITEN, SO WILL ICH
WIEDERKOMMEN UND EUCH
ZU MIR NEHMEN, AUF DASS
IHR SEID, WO ICH BIN.

JOHANNES 14,3

LASS DEN HERRN DEIN TUN
BESTIMMEN! SO WERDEN DEINE
PLÄNE GELINGEN.   SPRÜCHE 16,3

*Groß und wunderbar sind deine Werke,
Herr, allmächtiger Gott!* Offenbarung 15,3

Das ist aber das ewige Leben, dass sie dich, der du allein wahrer Gott bist, und den du gesandt hast, **Jesus Christus,** erkennen.

Johannes 17,3

Wie lange **wollt ihr noch warten, bis ihr das Land in Besitz nehmt, das der HERR, der Gott eurer Väter, euch gegeben hat?**

Josua 18,3

DA TRATEN ZU IHM DIE PHARISÄER, UND VERSUCHTEN IHN UND SPRACHEN ZU IHM: IST'S AUCH RECHT, DASS SICH EIN MANN SCHEIDE VON SEINEM WEIBE UM IRGENDEINE URSACHE?

MATTHÄUS 19,3

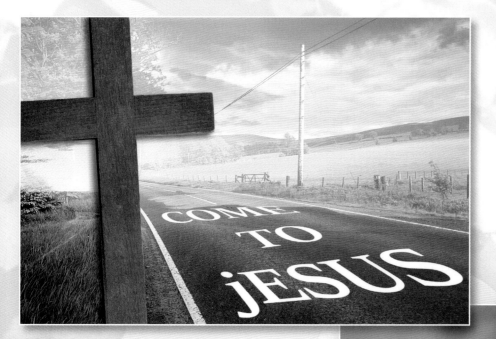

Du sollst keine anderen Götter **NEBEN** mir haben.
2.Mose 20,3

Du gibst ihm seines Herzens Wunsch und weigerst nicht, was sein Mund bittet. Psalm 21,3

Du, Gott, bist meine sichere Zuflucht, mein Beschützer, mein starker Helfer, meine Festung auf steiler Höhe! Zu dir kann ich fliehen, du schützt mich vor aller Gewalt.
2.Samuel 22,3

Er erquicket meine Seele; er führet mich auf rechter Straße um seines Namens willen.
Psalm 23,3

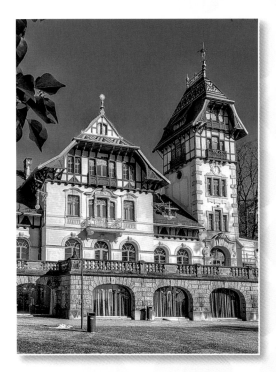

Der Himmel ist hoch und die Erde tief; aber der Könige **HERZ** ist unerforschlich.

Sprüche 25,3

Durch Weisheit wird ein **HAUS** *gebaut und durch Verstand erhalten.*

Sprüche 24,3

Als Judas, der ihn verraten hatte, sah, dass er zum Tode verurteilt war, reute es ihn, und er brachte die dreißig Silberlinge den Hohenpriestern und Ältesten zurück. Matthäus 27,3

Wer festen Herzens ist, dem bewahrst du Frieden; denn er verlässt sich auf dich. Jesaja 26,3

Die Stimme des HERRN erschallt über den Wassern, der Gott der Ehre donnert, der HERR, über großen Wassern.

Psalm 29,3

Und der allmächtige Gott segne dich und mache dich fruchtbar und mehre dich, dass du werdest eine Menge von Völkern.   1.Mose 28,3

Ich habe dich je und je geliebt; darum habe ich dich zu mir gezogen aus lauter Güte.

Jeremia 31,3

Herr, mein Gott, da ich schrie zu dir, machtest du mich gesund.   Psalm 30,3

Sie sollten sich nicht mit uferlosen Spekulationen über die Anfänge der Welt und die ersten Geschlechterfolgen befassen; denn das führt nur zu unfruchtbaren Spitzfindigkeiten, anstatt dem **HEILSPLAN GOTTES** zu dienen, der auf den Glauben zielt.

1.TIMOTHEUS 1,4

JESUS LIEBT

GOTT WILL, DASS ALLEN MENSCHEN GEHOLFEN WERDE UND SIE ZUR ERKENNTNIS DER WAHRHEIT KOMMEN.

1.TIMOTHEUS 2,4

TUT DIE UNREINEN KLEIDER VON IHM!

Und er sprach zu ihm: Siehe, ich habe deine Sünde von dir genommen und habe dich mit Feierkleidern angezogen.

Sacharja 3,4

ALS ABER DIE ZEIT GEKOMMEN WAR, SANDTE GOTT SEINEN SOHN. DER WURDE **ALS MENSCH GEBOREN** UND DEM GESETZ UNTERSTELLT.

GALATER 4,4

SUCHET MICH, SO WERDET IHR LEBEN.

Amos 5,4

Mit großer Geduld

ertrage ich Sorgen,
Nöte und Schwierigkeiten.

2.Korinther 6,4

Leg ich mich wieder,
schleppen sich die Stunden;
ich wälze mich im Bett
und kann nicht schlafen
und warte ungeduldig
auf den Morgen. Hiob 7,4

Ich bestaune den Himmel, das Werk deiner Hände, den Mond und alle die Sterne, die du geschaffen hast. PSALM 8,4

Denn wer noch bei den Lebenden weilt, der hat Hoffnung, denn ein lebender Hund ist besser als ein toter Löwe.

Prediger 9,4

Denn mit Christus ist das

ZIEL

erreicht, um das es im Gesetz geht: Jeder, der an ihn glaubt, gilt vor Gott als gerecht.

Römer 10,4

*W*ohlauf, lasst uns eine Stadt und einen Turm bauen, des Spitze bis an den Himmel reiche, dass wir uns einen Namen machen! Denn wir werden sonst zerstreut in alle Länder. 1.Mose 11,4

DANKET
DEM HERRN;
PREDIGET SEINEN NAMEN; MACHET KUND UNTER DEN VÖLKERN SEIN TUN; VERKÜNDIGET, WIE SEIN NAME SO HOCH IST.

JESAJA 12,4

Und wo ich hingehe, das wisst ihr, und den Weg wisst ihr auch. Johannes 14,4

Die Liebe ist langmütig und freundlich, die Liebe eifert nicht, die Liebe treibt *NICHT* Mutwillen, sie blähet sich nicht auf.

1.Korinther 13,4

BLEIBT MIT MIR

verbunden, dann bleibe ich mit euch verbunden.

Johannes 15,4

UND SIE SAHEN DAHIN UND WURDEN GEWAHR, DASS DER STEIN ABGE-WÄLZT WAR; DENN ER WAR SEHR GROß.

Markus 16,4

Petrus aber antwortete und sprach zu Jesus: Herr, hier ist gut sein. Willst du, so wollen wir hier drei Hütten machen: dir eine, Mose eine und Elia eine. Matthäus 17,4

Wenn ich zu dir um

HILFE

rufe, dann rettest du mich vor den Feinden.

Psalm 18,4

Deshalb lief Zachäus voraus und kletterte auf einen Maulbeerfeigenbaum, um Jesus sehen zu können - denn dort musste er vorbeikommen. *Lukas 19,4*

Denn der HERR, euer Gott, zieht mit euch in den Kampf. Er wird für euch gegen eure Feinde kämpfen und euch retten.

5. Mose 20,4

Gott wird abwischen alle Tränen von ihren Augen, und der Tod wird nicht mehr sein, noch Leid noch Geschrei noch Schmerz wird mehr sein; denn das Erste ist vergangen.

Offenbarung 21,4

Wer bescheiden ist und den HERRN ernst nimmt, findet Reichtum, Ansehen und ein erfülltes Leben. *Sprüche 22,4*

Und ob ich schon wanderte im finstern Tal,

fürchte ich kein Unglück; denn du bist bei mir, dein Stecken und Stab trösten mich. *Psalm 23,4*

Jesus aber antwortete und sprach zu ihnen: Sehet zu, dass euch nicht jemand verführe.

Matthäus 24,4

Zeige mir deine Wege,

HERR,

und lehre mich, deinen Pfaden zu folgen!

Psalm 25,4

Setzt für immer das Vertrauen auf den HERRN, der unser Gott ist, unser Fels für alle Zeiten! *Jesaja 26,4*

Eins bitte ich vom HERRN das hätte ich gerne: dass ich im Hause des HERRN bleiben möge mein Leben lang, zu schauen die schönen Gottesdienste des HERRN und seinen Tempel zu betrachten.

Psalm 27,4

DIE HÜTER ABER ERSCHRAKEN VOR FURCHT UND WURDEN, ALS WÄREN SIE TOT.

MATTHÄUS 28,4

Er hat euch vierzig Jahre in der Wüste lassen wandeln. Eure Kleider sind an euch nicht veraltet, und dein Schuh ist nicht veraltet an deinen Füßen.

5.Mose 29,4

Du hast mich von den Toten zurückgeholt. Ich stand schon mit einem Fuß im Grab, doch du hast mir das Leben neu geschenkt.

Psalm 30,4

GOTT IST LICHT und in ihm ist keine Finsternis.

1.Johannes 1,5

Denn es ist ein Gott und **EIN MITTLER** zwischen Gott und den Menschen, nämlich der Mensch Christus Jesus.

1.Timotheus 2,5

STEINE WEGWERFEN HAT SEINE ZEIT, STEINE SAMMELN HAT SEINE ZEIT.

Prediger 3,5

Alle in eurer Umgebung sollen zu spüren bekommen, wie freundlich und gütig ihr seid. Philipper 4,5

Meister, wir haben die ganze Nacht gearbeitet und nichts gefangen; aber auf dein Wort will ich das Netz auswerfen. Lukas 5,5

Und du sollst den Herrn, deinen Gott, liebhaben von ganzem Herzen, von ganzer Seele, von allem Vermögen. 5.Mose 6,5

DA SAGTE DER HERR ZU GIDEON: »Wer das Wasser wie ein Hund mit der Zunge schlabbert, den stell auf die eine Seite! Und wer sich zum Trinken niederkniet, den stell auf die andere Seite!« Richter 7,5

Was ist der Mensch, dass du seiner gedenkst, und des Menschen Kind, dass du dich seiner annimmst? Psalm 8,5

Denn uns ist ein Kind geboren, ein Sohn ist uns gegeben, und die Herrschaft ist auf seiner Schulter. Jesaja 9,5

SOLCHE GÖTTER STEHEN DA WIE VOGELSCHEUCHEN IM GURKENFELD. SIE BRINGEN KEIN WORT HERAUS UND MÜSSEN HERUMGETRAGEN WERDEN, WEIL SIE VON ALLEIN NICHT LAUFEN KÖNNEN. HABT KEINE ANGST VOR IHNEN: SIE KÖNNEN EUCH NICHTS BÖSES TUN! UND ETWAS GUTES ZU BEWIRKEN, SIND SIE ERST RECHT NICHT IMSTANDE! JEREMIA 10,5

Die Blinden sehen und die Lahmen gehen, die Aussätzigen werden rein und die Tauben hören, die Toten stehen auf und den Armen wird das Evangelium gepredigt.

Matthäus 11,5

Und Petrus ward zwar im Gefängnis gehalten; aber die Gemeinde betete ohne Aufhören für ihn zu Gott.

Apostelgeschichte 12,5

Seid nicht hinter dem Geld her, sondern seid zufrieden mit dem, was ihr habt.

Hebräer 13,5

Herr, wir wissen nicht, wo du hin gehst; und wie können wir den Weg wissen? Johannes 14,5

Ich bin der Weinstock, ihr seid die Reben. Wer in mir bleibt und ich in ihm, der bringt viele Frucht, denn ohne mich könnt ihr nichts tun. Johannes 15,5

Ein stolzes Herz ist dem Herrn ein Gräuel und wird nicht ungestraft bleiben. Sprüche 16,5

Ich habe mich an
DEINEN WEG
*gehalten und bin nicht
einen Schritt davon gewichen.*

Psalm 17,5

Und wer ein solches Kind
aufnimmt in meinem
Namen, der nimmt mich
auf.   Matthäus 18,5

DARUM WIRD
EIN MANN
VATER
UND MUTTER
VERLASSEN
UND AN SEINER
FRAU HÄNGEN,
UND DIE ZWEI
WERDEN EIN
FLEISCH SEIN.

MATTHÄUS 19,5

Am Strand knieten wir nieder und beteten.

Der HERR gebe dir, was dein Herz begehrt, und erfülle alles, was du dir vornimmst!
Psalm 20,5

APOSTELGESCHICHTE 21,5

Und es wird keine Nacht da sein, und sie werden nicht bedürfen einer Leuchte oder des Lichts der Sonne;

denn Gott der HERR wird sie erleuchten, und sie werden regieren von Ewigkeit zu Ewigkeit.   *Offenbarung 22,5*

Du bereitest vor mir einen Tisch im Angesicht meiner Feinde. Du salbest mein Haupt mit Öl und schenkest mir voll ein.   *Psalm 23,5*

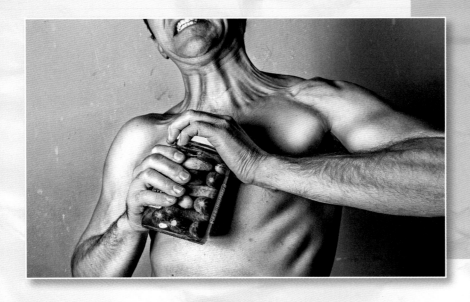

Nur ein kluger Mann ist wirklich stark.
Psalm 24,5

Denn du bist
der Gott,
der mir hilft;
täglich harre ich
auf dich.
Psalm 25,5

Und solange Usia den HERRN suchte,
ließ es ihm Gott gelingen. *2.Chronik 26,5*

Wenn schlimme Tage kommen, nimmt
der HERR mich bei sich auf, er gibt mir Schutz
unter seinem Dach und stellt mich auf
sicheren Felsengrund. Psalm 27,5

Gesegnet wird sein dein
Korb und dein Backtrog.
5.Mose 28,5

Baut Häuser und wohnt darin;
pflanzt Gärten und esst ihre Früchte. Jeremia 29,5

Ihr Heiligen, lobsinget dem HERRN; danket und preiset seine Heiligkeit!
Psalm 30,5

Und der HERR Zebaoth wird Jerusalem beschirmen,
wie Vögel es tun mit ihren Flügeln. Jesaja 31,5

Ein Sohn  soll seinen Vater ehren

und ein Knecht
seinen Herrn.

Maleachi 1,6

**Und da sie das
Körbchen auftat,**

*sah sie das Kind; und siehe,
das Knäblein weinte.*   2.Mose 2,6

**Eure Rede sei allezeit
lieblich und mit Salz
gewürzt, dass ihr wisset,
wie ihr einem
jeglichen antworten
sollt.**   Kolosser 4,6

Der Herr rief
abermals:

Samuel!

*Und Samuel stand
auf und ging zu Eli
und sprach: Siehe,
hier bin ich! Du hast
mich gerufen. Er aber
sprach: Ich habe nicht
gerufen, mein Sohn;
gehe wieder hin und
lege dich schlafen.*

1.Samuel 3,6

So demütiget euch nun unter die gewaltige Hand Gottes, dass er euch erhöhe zu seiner Zeit.

1.Petrus 5,6

GEHE HIN ZUR AMEISE, DU FAULER;
SIEHE IHRE WEISE AN UND LERNE! SPRÜCHE 6,6

Werft eure Perlen nicht vor die Schweine! Sonst zertreten sie die Perlen und reißen euch in Stücke. Matthäus 7,6

So spricht der Herr Zebaoth: Ist solches unmöglich vor den Augen dieses übrigen Volks zu dieser Zeit, sollte es darum auch unmöglich sein vor meinen Augen? Sacharja 8,6

Wer da kärglich sät, der wird auch kärglich ernten; und wer da sät im Segen, der wird auch ernten im Segen.

2.Korinther 9,6

In diesem Augenblick wird es geschehen, dass der Geist des HERRN über dich kommt. Dann wirst auch du von der Begeisterung erfasst und in einen anderen Menschen verwandelt. *1.Samuel 10,6*

Da wird der Wolf beim Lamm wohnen und der Panther beim Böcklein lagern. Kalb und Löwe werden miteinander grasen, und ein kleiner Knabe wird sie leiten. *Jesaja 11,6*

Kann man nicht fünf Spatzen für zwei Kupfermünzen kaufen? Und doch übersieht Gott keinen einzigen von ihnen.

Lukas 12,6

DER HERR IST MEIN HELFER,
ICH WILL MICH NICHT FÜRCHTEN;

WAS SOLLTE MIR EIN MENSCH TUN?

Hebräer 13,6

Jesus spricht zu ihm:
Ich bin der Weg und
die Wahrheit und
das Leben; niemand
kommt zum Vater
denn durch mich.

Johannes 14,6

FREUET EUCH
MIT MIR;
DENN ICH HABE
MEIN SCHAF
GEFUNDEN,
DAS VERLOREN
WAR.

Lukas 15,6

IHR SUCHET

Jesus von Nazareth, den Gekreuzigten; er ist auferstanden und ist nicht hier.

Markus 16,6

Ich rufe zu dir,
denn du, Gott,
wirst mich erhören;
neige deine Ohren zu mir,
höre meine Rede!

Psalm 17,6

Wer aber einen dieser Kleinen, die an mich glauben, zum Bösen verführt, für den wäre es besser, dass ein Mühlstein um seinen Hals gehängt und er ersäuft würde im Meer, wo es am tiefsten ist. *Matthäus 18,6*

So sind sie nun nicht zwei, sondern ein Fleisch. Was nun Gott zusammengefügt hat, das soll der Mensch nicht scheiden. Matthäus 19,6

Wenn mich aber jemand liebt
und meine Gebote befolgt,
dann erweise ich auch
noch seinen Nachkommen
Liebe und Treue, und das
über Tausende von
Generationen hin.

2.Mose 20,6

Erziehe
einen
jungen
Menschen
so, dass er

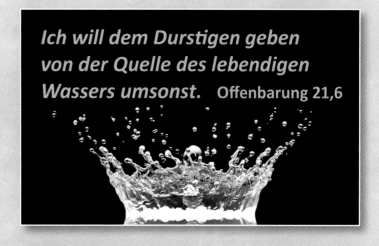

Ich will dem Durstigen geben
von der Quelle des lebendigen
Wassers umsonst.   Offenbarung 21,6

zielstrebig seinen
Weg geht. Dann wird
er auch im Alter nicht
davon weichen.
Sprüche 22,6

Gutes

und Barmherzigkeit
werden mir folgen
mein Leben lang,
und ich werde
bleiben im Hause
des Herrn
immerdar.

Psalm 23,6

**Er ist nicht hier;
er ist auferstanden.**

Lukas 24,6

ICH
WÜNSCHE
DIR
GLÜCK

das ganze Jahr!
Es soll dir und
deiner Familie
gut gehen und
auch deinem
ganzen Besitz.

1.Samuel 25,6

Ich wasche meine Hände in Unschuld. Psalm 26,6

EIN FREUND BLEIBT DEIN FREUND, AUCH WENN ER DIR WEHTUT; EIN FEIND ÜBERFÄLLT DICH MIT ÜBERTRIEBEN VIELEN KÜSSEN.

SPRÜCHE 27,6

Gelobt sei der Herr:

denn er hat erhört die Stimme meines Flehens. Psalm 28,6

Wenn ein Böser sündigt, verstrickt er sich selbst; aber ein Gerechter freut sich und hat Wonne.

Sprüche 29,6

Gott hat mir zu meinem Recht verholfen. Er hat meine Bitte erhört und mir einen Sohn geschenkt.

1.Mose 30,6

AHRESTAGE, WIDMUNGEN ...

*U*nd sie gebar ihren ersten Sohn und wickelte ihn in Windeln und legte ihn in eine Krippe; denn sie hatten sonst keinen Raum in der Herberge.

Lukas 2,7

Und Petrus griff ihn bei der rechten Hand und richtete ihn auf. Alsobald standen seine Schenkel und Knöchel fest.

Apostelgeschichte 3,7

Ihr Lieben, lasst uns einander lieb haben; denn **die Liebe ist von Gott,** *und wer liebt, der ist aus Gott geboren und kennt Gott.*

1. Johannes 4,7

Alle eure Sorge

werfet auf Gott; denn er sorget für euch.

1.Petrus 5,7

WAS HABEN WIR DENN IN DIE WELT MITGEBRACHT? NICHTS!
WAS KÖNNEN WIR AUS DER WELT MITNEHMEN? NICHTS!

1.TIMOTHEUS 6,7

Bittet, so wird euch gegeben; suchet, so werdet ihr finden; klopfet an, so wird euch aufgetan. Matthäus 7,7

KEIN WASSER KANN DIE GLUT DER LIEBE LÖSCHEN UND KEINE STURZFLUT SCHWEMMT SIE JE HINWEG.

HOHESLIED 8,7

Darum iss dein Brot und trink deinen Wein

und sei fröhlich dabei! So hat es Gott für die Menschen vorgesehen und so gefällt es ihm. *Prediger 9,7*

An einen guten Menschen erinnert man sich in Dankbarkeit, von einem schlechten vergisst man sogar den Namen. *Sprüche 10,7*

Die beiden Jünger brachten den Esel zu Jesus und legten ihre Kleider über das Tier, und Jesus setzte sich darauf.   Markus 11,7

Auch sind die Haare auf eurem Haupt alle gezählt. Fürchtet euch nicht! Ihr seid KOSTBARER als viele Sperlinge.
Lukas 12,7

DIE LIEBE

ERTRÄGT ALLES,
SIE GLAUBT ALLES,
SIE HOFFT ALLES,
SIE DULDET ALLES.

1.KORINTHER 13,7

Denkt an die Musikinstrumente, an die Flöte oder die Harfe.
Wenn sich die einzelnen Töne nicht deutlich unterscheiden,
ist keine Melodie zu erkennen. 1.Korinther 14,7

So wird auch
Freude im Himmel
sein über einen
Sünder, der Buße
tut, mehr als über
neunundneunzig
Gerechte, die
der Buße nicht
bedürfen. Lukas 15,7

EIN MENSCH SIEHT, WAS VOR AUGEN IST;

der **HERR** aber sieht das Herz an.   1.Samuel 16,7

Gesegnet aber ist der Mann, der sich auf den HERRN verlässt

und des Zuversicht der HERR ist.

Jeremia 17,7

UND DER **HERR**

WAR MIT IHM, UND ALLES, WAS ER UNTERNAHM, GELANG IHM.

2.KÖNIGE 18,7

Wir wollen uns freuen und jubeln und ihm die Ehre geben! Der Hochzeits-tag des Lammes ist gekommen; seine Braut hat sich bereit gemacht.

Offenbarung 19,7

Wer rechtschaffen ist und untadelig lebt, dessen Kinder können von Glück reden!

Psalm 20,7

Es ist der HERR !

Johannes 21,7

Siehe, ich komme bald.

Offenbarung 22,7

Denn der Geizhals hat alle Bissen abgezählt. **»Greif doch zu!«** sagt er; aber im Grunde gönnt er dir nichts.

Sprüche 23,7

Des Menschen Sohn muss überantwortet werden in die Hände der Sünder und gekreuzigt werden und am dritten Tage auferstehen.

Lukas 24,7

GEDENKE NICHT DER SÜNDEN MEINER JUGEND UND MEINER ÜBERTRETUNGEN.

PSALM 25,7

Ich danke dir mit meinem Lied und verkünde deine Wundertaten.

Psalm 26,7

HERR, höre meine Stimme, wenn ich rufe; sei mir gnädig und erhöre mich! Psalm 27,7

ER

ist auferstanden von den Toten.

Matthäus 28,7

Suchet der Stadt Bestes!

Jeremia 29,7

Ich aber sprach, als es mir gut ging: Ich werde nimmermehr wanken.

Psalm 30,7

Er hatte schöne, große und lange Äste, denn seine Wurzeln hatten viel Wasser.

Hesekiel 31,7

*Mein Kind, gehorche der Zucht
deines Vaters, und verlass nicht
das Gebot deiner Mutter.*
Sprüche 1,8

Und Gott der HERR
pflanzte einen
Garten in Eden
gegen Osten hin
und setzte den
Menschen hinein,
den er gemacht
hatte.

1.Mose 2,8

DAZU IST ERSCHIENEN DER SOHN
GOTTES, DASS ER DIE WERKE
DES TEUFELS ZERSTÖRE.

1.Johannes 3,8

KEINE ANGST

**Wir sind von allen Seiten bedrängt, aber wir ängstigen uns nicht.
Uns ist bange, aber wir verzagen nicht.** 2.Korinther 4,8

SEID NÜCHTERN UND WACHET;

DENN EUER WIDERSACHER, DER TEUFEL, GEHT UMHER WIE EIN
BRÜLLENDER LÖWE
UND SUCHT,
WELCHEN
ER
VERSCHLINGE.

1.PETRUS 5,8

DENN

*wer da bittet, der empfängt;
und wer da sucht, der findet;
und wer da anklopft, dem wird
aufgetan.* Matthäus 7,8

Der **HERR** wird jeden für seine
guten Taten **BELOHNEN**,
gleichgültig ob jemand Sklave
ist oder frei. *Epheser 6,8*

Und sie lasen im Gesetzbuch
Gottes klar und verständlich,
dass man verstand, was gelesen
ward. *Nehemia 8,8*

ER HAT DIE MACHT,

euch so reich zu beschenken, dass ihr nicht nur jederzeit genug habt für euch selbst, sondern auch noch anderen reichlich GUTES tun könnt.

2. Korinther 9,8

Macht Kranke gesund, weckt Tote auf, macht Aussätzige rein, treibt Dämonen aus. Umsonst habt ihr's empfangen, umsonst gebt es auch.

Matthäus 10,8

ALSO ZERSTREUTE SIE DER HERR VON DORT IN ALLE LÄNDER, DASS SIE MUSSTEN AUFHÖREN DIE STADT ZU BAUEN. 1. MOSE 11,8

DOCH REHABEAM FOLGTE **NICHT** DEM RAT, DEN DIE ÄLTEREN HOFBEAMTEN IHM GEGEBEN HATTEN. ER BERIET SICH LIEBER MIT DEN JÜNGEREN, DIE MIT IHM AUFGEWACHSEN WAREN.

1. Könige 12,8

Jesus Christus ist derselbe gestern und heute und in alle Ewigkeit! Hebräer 13,8

Leben wir,
so leben wir dem HERRN;

sterben wir,
so sterben wir dem HERRN.

Darum, wir leben
oder sterben,
so sind wir
des HERRN.

Römer 14,8

MIT DEINEM ATEM BLIESEST DU AUFS MEER UND TÜRMTEST SEINE WASSERMASSEN AUF. DIE FLUTEN STANDEN AUFRECHT WIE EIN DAMM, ERSTARRT WIE MAUERN MITTEN IN DEM MEER. 2.MOSE 15,8

Lieber wenig,
aber **ehrlich** verdient
als ein großer Gewinn
aus unlauteren
Geschäften.

Sprüche 16,8

**Behüte mich wie einen
Augapfel im Auge.**

Psalm 17,8

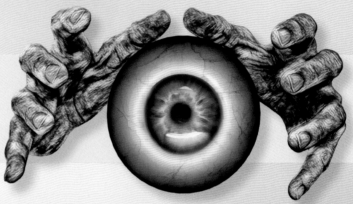

*Verleumdungen verschlingt
man wie Leckerbissen und
behält sie für immer tief im
Gedächtnis.* Sprüche 18,8

Und Elia stand auf und
aß und trank und ging
durch **Kraft** derselben
Speise vierzig Tage und
vierzig Nächte bis an
den Berg Gottes Horeb.

1.Könige 19,8

Und es waren viele Lampen in dem Obergemach, wo wir versammelt waren.

Apostelgeschichte 20,8

Und der HERR sagte zu Mose: »Fertige eine Schlange an und befestige sie oben an einer Stange. Wer gebissen wird, soll dieses Bild ansehen, dann wird er nicht sterben!«

4.MOSE 21,8

GOTT WIRD

SCHON FÜR EIN OPFERLAMM SORGEN!

1.MOSE 22,8

Haltet dem HERRN, eurem Gott, die Treue, so wie ihr es bisher getan habt. Josua 23,8

DAS ALLES IST ERST DER
ANFANG VOM ENDE –
DER BEGINN DER
GEBURTSWEHEN.
MATTHÄUS 24,8

DER HERR IST GUT
UND GERECHT; DARUM
WEIST ER SÜNDERN
DEN WEG.
PSALM 25,8

HERR, ich habe lieb die Stätte deines
Hauses und den Ort, da deine
Ehre wohnt.   Psalm 26,8

Wie ein Vogel, der fortfliegt
von seinem Nest,

so ist ein Mensch, der seine HEIMAT verlässt.
Sprüche 27,8

Der Vater von Publius hatte die Ruhr und lag mit Fieber im Bett. Paulus ging zu ihm ins Zimmer, betete über ihm, legte ihm die Hände auf und machte ihn gesund.

Apostelgeschichte 28,8

Ein Durstiger träumt von Wasser, und wenn er aufwacht, hat er eine trockene Kehle und ist völlig erschöpft.

Jesaja 29,8

Durch deine Güte, HERR, stand ich fester als die Berge.

Psalm 30,8

Wenn er sprach: Die GEFLECKTEN sollen dein Lohn sein, so warf die ganze Herde Gefleckte. Wenn er aber sprach: Die SPRENKLIGEN sollen dein Lohn sein, so warf die ganze Herde Sprenklige.   1.Mose 31,8

Lass dir nicht grauen und entsetze dich nicht; denn der HERR, dein Gott, ist mit dir in allem, was du tun wirst. Josua 1,9

Was KEIN AUGE gesehen und KEIN OHR gehört hat, worauf kein Mensch jemals gekommen ist – all das hält Gott für die bereit, die ihn lieben.

1.Korinther 2,9

Der HERR verzögert nicht die Verheißung, wie es einige für eine Verzögerung halten; sondern er hat Geduld mit euch und will nicht, dass jemand verloren werde, sondern dass jedermann zur Buße finde.

2.Petrus 3,9

Daran ist erschienen die LIEBE Gottes gegen uns, dass Gott seinen eingeborenen Sohn gesandt hat in die Welt, dass wir durch ihn leben sollen. 1.Johannes 4,9

WENN WIR ABER JETZT bei Gott angenommen sind, weil Christus sein Leben für uns gab, dann werden wir durch ihn erst recht aus dem kommenden Strafgericht gerettet werden. Römer 5,9

WIE LANGE LIEGST DU, FAULER?

Wann willst du aufstehen von deinem Schlaf?
Sprüche 6,9

Sei nicht schnell, dich zu ärgern.
PREDIGER 7,9

Da aber die Taube nichts fand, wo ihr Fuß ruhen konnte, kam sie wieder zu Noah in die Arche;

denn noch war Wasser auf dem ganzen Erdboden.

1.Mose 8,9

Gott schuf den Großen Bären, den Orion, das Siebengestirn, den Sternenkranz des Südens.   Hiob 9,9

Was denn Gott zusammengefügt hat, soll der Mensch nicht scheiden.   *Markus 10,9*

Sei glücklich, solange du noch jung bist!

Freu dich, junger Mensch!

Tu, was dir Spaß macht, wozu deine Augen dich locken! Aber vergiss nicht, dass Gott für alles von dir Rechenschaft fordern wird.   Prediger 11,9

Petrus folgte ihm nach draußen. Er wusste nicht, dass es Wirklich-keit war, was er gerade mit dem Engel erlebte. Es kam ihm vor wie ein Traum.

Apostelgeschichte 12,9

DAS LICHT DER GERECHTEN

BRENNT FRÖHLICH; ABER DIE LEUCHTE DER GOTTLOSEN WIRD AUSLÖSCHEN. SPRÜCHE 13,9

DENN CHRISTUS IST GESTORBEN UND WIEDER **LEBENDIG** GEWORDEN, UM HERR ZU SEIN ÜBER ALLE, TOTE WIE LEBENDE.

RÖMER 14,9

Gleichwie mich mein Vater liebt, also liebe ich euch auch. Bleibet in meiner Liebe!

Johannes 15,9

Der HERR behält die ganze Erde im Auge, damit er denen beistehen kann, die ihm mit ungeteiltem Herzen vertrauen.

2.Chronik 16,9

Wer Fehler zudeckt, erhält die Freundschaft. Wer aber immer wieder davon anfängt, zerstört sie. *Sprüche 17,9*

Fürchte dich nicht, sondern rede, und schweige nicht!

Apostelgeschichte 18,9

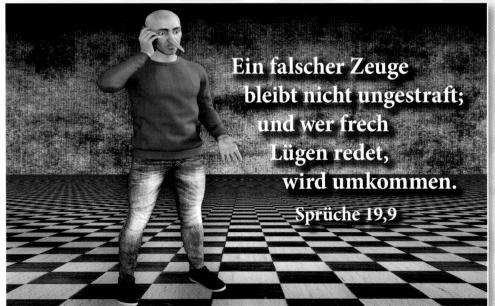

Ein falscher Zeuge bleibt nicht ungestraft; und wer frech Lügen redet, wird umkommen.

Sprüche 19,9

Es saß aber ein junger Mann

mit Namen Eutychus in einem Fenster und sank in einen tiefen Schlaf,
weil Paulus so lange redete; und vom Schlaf überwältigt fiel er hinunter
vom dritten Stock und wurde tot aufgehoben.   Apostelgeschichte 20,9

ERSCHRECKT NICHT, WENN IHR VON
KRIEGEN UND AUFSTÄNDEN HÖRT.

Das alles muss
zuerst geschehen.

Aber dann kommt
noch nicht sofort
das Ende.

Lukas 21,9

Die aber mit mir
waren, sahen das
Licht und erschraken;
die Stimme
aber des, der mit
mir redete, hörten
sie nicht.
Apostelgeschichte 22,9

Rede nicht vor des Unverständigen
Ohren; denn er verachtet die Klugheit deiner Rede.   Sprüche 23,9

MACHET DIE TORE WEIT

und die Türen in der Welt hoch, dass der König der Ehren einziehe! Psalm 24,9

A B E R D I E

klugen Brautjungfern antworteten: Das geht nicht. Das Öl reicht nicht für uns und euch! Geht doch zu den Händlern und kauft euch selbst welches.

Matthäus 25,9

Dieses Öl

hätte man teuer verkaufen und das Geld den Armen geben können!

Matthäus 26,9

Gehe hin zu der Herde und hole mir zwei gute Böcklein,

dass ich deinem Vater ein Essen davon mache, wie er's gerne hat.
1.Mose 27,9

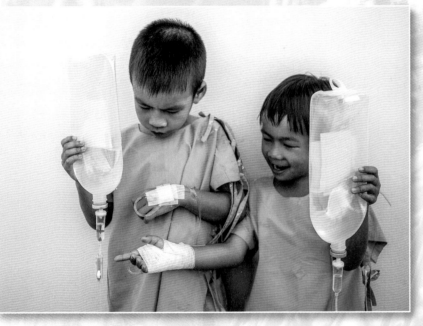

*Darauf kamen auch alle anderen Kranken der Insel
und ließen sich heilen.* Apostelgeschichte 28,9

Der HERR, dein Gott

**wird dir alles im Überfluss schenken:
viele Kinder, viele Jungtiere und
fruchtbaren Boden.** 5.Mose 30,9

*So geht es
einem klugen
Mann, der
mit einem
Dummkopf vor
Gericht zieht:
Der Dumme
tobt und lacht
und gibt
keine Ruhe.*

Sprüche 29,9

Und alsbald stieg Jesus
aus dem Wasser und sah,
dass sich der Himmel auftat,
und den Geist gleich wie eine
Taube herabkommen auf ihn.

Markus 1,10

Sei getreu ...

bis an den Tod,

so will ich dir
die Krone des
Lebens geben.

Offenbarung 2,10

Bringt den zehnten Teil vollständig zum
Vorratshaus, damit es im Tempel genug zu
essen gibt. Der HERR Zebaot sagt:
Stellt mich damit ruhig auf die Probe!
Seht, ob ich die Schleusen des Himmels öffne
und Segen im Überfluss auf euch schütte.

MALEACHI 3,10

Das Einzigartige an dieser
Liebe ist: Nicht wir haben
Gott geliebt, sondern er hat
uns geliebt. Er hat seinen
Sohn gesandt, damit er
durch seinen Tod Sühne
leiste für unsere Schuld.

1.Johannes 4,10

Denn wir alle müssen einmal vor dem Richterstuhl von Christus erscheinen. **DANN BEKOMMT JEDER, WAS ER VERDIENT.** Es hängt davon ab, ob er zu Lebzeiten Gutes oder Böses getan hat.

2.Korinther 5,10

LASS ENDEN
der Gottlosen Bosheit, den Gerechten aber lass bestehen. Psalm 7,10

Dann sagte Jesus zu dem Mann: »**Streck deine Hand aus!**« Er tat es, und seine Hand wurde geheilt. Lukas 6,10

STOP

UND SEID NICHT BEKÜMMERT; DENN DIE FREUDE AM HERRN IST EURE STÄRKE.

NEHEMIA 8,10

Den HERRN ernst nehmen ist der Anfang aller Weisheit.
Gott, den Heiligen, kennen ist Einsicht.
Sprüche 9,10

Wenn die Axt stumpf geworden ist und
man die Schneide nicht geschärft hat,
muss man *mehr KRAFT* aufwenden.
Prediger 10,10

Halte dir den **ÄRGER von der Seele**
und die **KRANKHEIT vom Leib.**
Jugend und dunkles Haar
sind so vergänglich.   PREDIGER 11,10

*UND WER EIN WORT
GEGEN DEN MENSCHEN-
SOHN SAGT, DEM SOLL
ES VERGEBEN WERDEN.*

LUKAS 12,10

Denn nach Gottes Plan muss die Gute Nachricht allen Völkern verkündet werden, bevor das Ende kommt. *Markus 13,10*

Wenn du geladen wirst, so gehe hin und setze dich untenan, auf dass, wenn da kommt, der dich geladen hat, er spreche zu dir: **Freund, rücke hinauf!** Dann wirst du Ehre haben vor denen, die mit dir zu Tische sitzen. *Lukas 14,10*

So, sage ich euch, ist Freude vor den Engeln Gottes über einen Sünder, der Buße tut. Lukas 15,10

WER IM GERINGSTEN TREU IST, DER IST AUCH IM GROSSEN TREU; UND WER IM GERINGSTEN UNRECHT IST, DER IST AUCH IM GROSSEN UNRECHT. LUKAS 16,10

Und da Elia kam an das Tor
der Stadt, siehe, da war eine
Witwe und las Holz auf.
Und er rief ihr und sprach:
Hole mir ein wenig Wasser
im Gefäß, dass ich trinke!

1.Könige 17,10

Der Name des HERRN ist ein starker Turm.
Der Gerechte eilt dorthin und ist in Sicherheit.

Sprüche 18,10

SICHERHEIT

Denn der MENSCHENSOHN ist gekommen,
zu suchen und selig zu machen, was verloren ist.

Lukas 19,10

Und der Teufel, der sie verführte,
ward geworfen in den feurigen Pfuhl
und Schwefel, da auch das Tier und der
falsche Prophet war; und sie
werden gequält werden Tag und Nacht
von Ewigkeit zu Ewigkeit.

Offenbarung 20,10

Als Jesus in Jerusalem einzog, geriet alles
in helle Aufregung. »Wer ist dieser Mann?«,
fragten die Leute in der Stadt.   Matthäus 21,10

Die Diener gingen hinaus auf die Straßen

und brachten alle mit, die sie fanden - schlechte und gute Leute.
So wurde der Hochzeitssaal voll.   *Matthäus 22,10*

Verrücke NICHT die vorigen Grenzen und gehe NICHT auf der Waisen Acker.

Sprüche 23,10

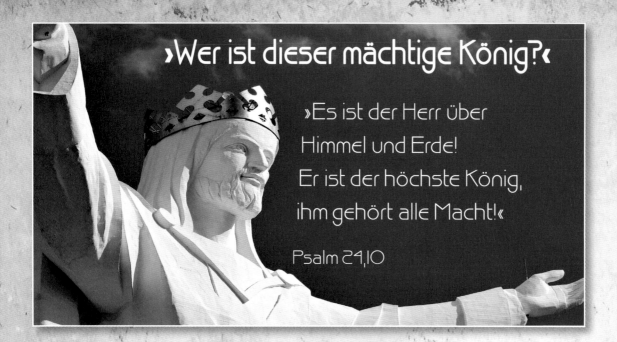

›Wer ist dieser mächtige König?‹

»Es ist der Herr über
Himmel und Erde!
Er ist der höchste König,
ihm gehört alle Macht!«

Psalm 24,10

Und da sie hingingen,
zu kaufen, kam der
Bräutigam; und die bereit
waren, gingen mit ihm hinein
zur Hochzeit, und die Tür
ward verschlossen.

Matthäus 25,10

NUN BRINGE ICH DIE ERSTEN
FRÜCHTE DES LANDES, DIE DU,
HERR, MIR GEGEBEN HAST.

5.MOSE 26,10

EIN NACHBAR

in der Nähe
ist besser
als ein Bruder
in der Ferne.

Sprüche 27,10

Wer die FROMMEN verführt auf bösem Wege, der wird in seine Grube fallen; aber die Frommen werden Gutes ererben.

Sprüche 28,10

DER HERR HERRSCHT ALS KÖNIG FÜR ALLE ZEIT! Psalm 29,10

SCHWÄRZE KEINEN DIENER BEI SEINEM HERRN AN, SONST VERLEUMDET ER DICH UND DU ZIEHST DEN KÜRZEREN!

SPRÜCHE 30,10

Eine tüchtige Frau ist das kostbarste Juwel, das einer finden kann.

Sprüche 31,10

Dann sprach Gott: »Die Erde lasse frisches Grün aufsprießen, Pflanzen und Bäume von jeder Art, die Samen und samenhaltige Früchte tragen!«

1.Mose 1,11

UND SIE GINGEN IN DAS HAUS

und fanden das Kindlein mit Maria, seiner Mutter, und fielen nieder und beteten es an und taten ihre Schätze auf und schenkten ihm Gold, Weihrauch und Myrrhe. *Matthäus 2,11*

SIEHE, ICH KOMME BALD; HALTE, WAS DU HAST, DASS NIEMAND DEINE KRONE NEHME! **OFFENBARUNG 3,11**

Ich habe gelernt, **in jeder Lage** zurechtzukommen und nicht von äußeren Umständen abhängig zu sein.

Philipper 4,11

Wir rühmen uns damit, dass wir Gott auf unserer Seite haben.

Das verdanken wir **Jesus Christus,** *unserem Herrn, der uns die Versöhnung mit Gott gebracht hat.*

Römer 5,11

UNSER TÄGLICH BROT GIB UNS HEUTE.

MATTHÄUS 6,11

Bei Gott finde ich Schutz

er rettet alle, die redlich und schuldlos sind.

Psalm 7,11

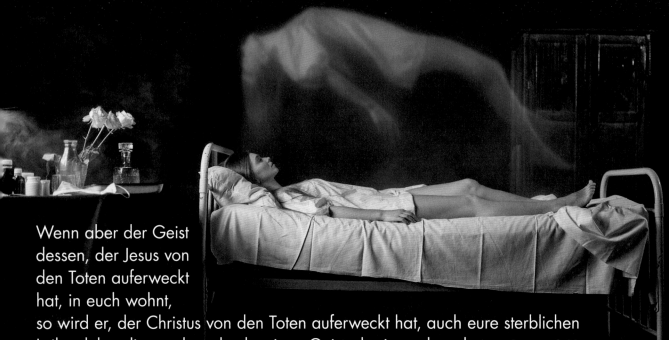

Wenn aber der Geist dessen, der Jesus von den Toten auferweckt hat, in euch wohnt, so wird er, der Christus von den Toten auferweckt hat, auch eure sterblichen Leiber lebendig machen durch seinen Geist, der in euch wohnt. *Römer 8,11*

Du *lässt niemand im Stich, der deine Nähe sucht.* *Psalm 9,11*

<u>Der Mann sagte zu mir:</u>

„Gott liebt dich, Daniel !
Steh auf und gib acht
auf das, was ich dir zu sagen habe.
Gott hat mich zu dir gesandt."

Daniel 10,11

ICH BRINGE SIE WIEDER IN IHRE HEIMAT.

Das sage ich, der HERR.

Hosea 11,11

Aber Jesus antwortete:

»Stellt euch vor: Einer von euch hat nur ein einziges Schaf, und das fällt am Sabbat in eine Grube. Wer von euch wird da nicht zufassen und es herausziehen? *Matthäus 12,11*

Als ich ein Kind war, da redete ich wie ein Kind und dachte wie ein Kind und war klug wie ein Kind; als ich aber ein Mann wurde, tat ich ab, was kindlich war. *1. Korinther 13,11*

WENN ICH NUN DIE BEDEUTUNG DER SPRACHE NICHT KENNE, WERDE ICH EIN FREMDER SEIN FÜR DEN, DER REDET, UND DER REDET, WIRD FÜR MICH EIN FREMDER SEIN.

1. Korinther 14,11

Wir glauben, durch die Gnade des Herrn Jesus gerettet zu werden. Apostelgeschichte 15,11

DU ZEIGST MIR DEN WEG ZUM
LEBEN. GROSSE FREUDE FINDE
ICH IN DEINER GEGENWART
UND GLÜCK AN DEINER
SEITE FÜR IMMER.

Psalm 16,11

Und wenn Mose seine Hand emporhielt, siegte Israel;
wenn er aber seine Hand niederließ, siegte Amalek.
2.Mose 17,11

Klugheit macht den Mann
langsam zum Zorn, und es
ist ihm eine Ehre, dass er
Verfehlung übersehen kann.
Sprüche 19,11

Da sprach Jesus zu Petrus: Stecke dein
Schwert in die Scheide! Soll ich den
Kelch nicht trinken, den mir mein
Vater gegeben hat?   Johannes 18,11

Aber der HERR ist bei mir wie ein starker Held.

Jeremia 20,11

HÖRET DES HERRN WORT.

Jeremia 21,11

Auch in **ZUKUNFT** *hängt euer Leben davon ab, dass ihr allein den* HERRN, *euren* **GOTT,** *liebt.*

Josua 23,11

SEIT DEM ERSTEN ATEMZUG stehe ich unter deinem Schutz; von Geburt an bist du mein Gott.

Psalm 22,11

LASS NICHT ZU, DASS UNSCHULDIGE MENSCHEN VERURTEILT WERDEN. TU ALLES, WAS DU KANNST, UM SIE VOR DEM TOD ZU RETTEN. SPRÜCHE 24,11

WIE GOLDENE ÄPFEL AUF SILBERNEN SCHALEN, SO SIND TREFFENDE WORTE IM RICHTIGEN AUGENBLICK.

Sprüche 25,11

Freu dich über all das GUTE, das der HERR, dein Gott, dir schenkt, dir und allen, die zu dir gehören!

5.Mose 26,11

Zeige mir, **HERR**, deinen Weg und führe mich geradlinig durchs Leben! Psalm 27,11

Unterwegs kam er an einen Ort, an dem er übernachtete. Denn die Sonne war schon untergegangen. Er nahm einen von den Steinen dort und legte ihn neben seinen Kopf. Dann schlief er ein.

1.Mose 28,11

Denn ich weiß wohl, was ich für Gedanken über euch habe, spricht der HERR: Gedanken des Friedens und nicht des Leides, dass ich euch gebe Zukunft und Hoffnung. Jeremia 29,11

HERR, höre und sei mir gnädig!

HERR, sei mein Helfer! Psalm 30,11

Wie viele ihn aber aufnahmen, denen gab er Macht, Gottes Kinder zu werden, die an seinen Namen glauben.

Johannes 1,12

Im ganzen Land hört man die Vögel singen; nun ist die Zeit der Lieder wieder da!

Hoheslied 2,12

Der HERR lasse eure Liebe zueinander und zu allen Menschen wachsen und überströmen, sodass sie so stark wird wie unsere Liebe zu euch.

1. Thessalonicher 3,12

Jesus Christus und sonst niemand kann die Rettung bringen. Auf der ganzen Welt hat Gott keinen anderen Namen bekannt gemacht, durch den wir gerettet werden könnten.   Apostelgeschichte 4,12

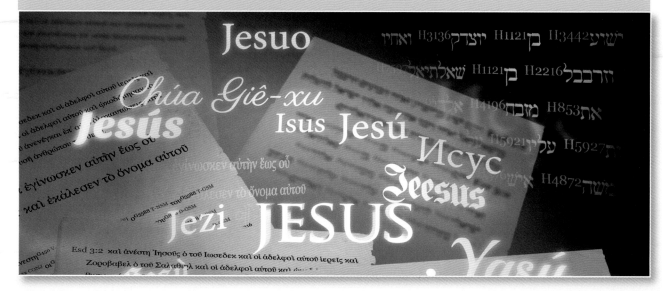

WER DEN SOHN GOTTES HAT, DER HAT DAS LEBEN; WER DEN SOHN GOTTES NICHT HAT, DER HAT DAS LEBEN NICHT.

1. JOHANNES 5,12

Kämpfe den guten Kampf des Glaubens; ergreife das ewige Leben.

1.Timotheus 6,12

ALLES NUN, WAS IHR WOLLT, DASS EUCH DIE LEUTE TUN SOLLEN, DAS TUT IHR IHNEN AUCH.
Matthäus 7,12

Ihr sollt nicht alles Verschwörung nennen, was dies Volk Verschwörung nennt, und vor dem, was sie fürchten, fürchtet euch nicht und lasst euch nicht grauen.   Jesaja 8,12

Und Gott sprach: Das ist das Zeichen des Bundes, den ich geschlossen habe zwischen mir und euch und allem lebendigen Getier bei euch auf ewig.

1.Mose 9,12

DARUM, WER MEINT, ER STEHE, SOLL ZUSEHEN, DASS ER NICHT FALLE.   1.KORINTHER 10,12

Wer verächtlich über andere redet, hat keinen Verstand; Verständige halten den Mund.

Sprüche 11,12

*Seid fröhlich in
Hoffnung, geduldig
in Trübsal, haltet
an am Gebet.*

Römer 12,12

*Jetzt sehen wir nur ein unklares Bild
wie in einem trüben Spiegel; dann
aber schauen wir Gott von Angesicht.
Jetzt kennen wir Gott nur unvollkommen;
dann aber werden wir Gott völlig kennen,
so wie er uns jetzt schon kennt.*

1.Korinther 13,12

So wird nun   ein jeglicher
für sich selbst   Gott
Rechenschaft geben.   Römer 14,12

**Das ist MEIN GEBOT,
dass ihr euch
untereinander liebet,
gleichwie ich euch
liebe. Johannes 15,12**

Der sechste Engel goss seine Schale in den Eufrat, den großen Strom; da trocknete er aus. So wurde den Königen, die von Osten her einbrechen, der Weg gebahnt. Offenbarung 16,12

Es ist besser, einem Bären begegnen, dem die Jungen geraubt sind, denn einem Narren in seiner Narrheit. Sprüche 17,12

Da ließ Michal David durchs Fenster hinab, dass er hinging, entfloh und entrann. 1.Samuel 19,12

WENN IRGEND EIN MENSCH HUNDERT SCHAFE HÄTTE UND EINS UNTER IHNEN SICH VERIRRTE: LÄSST ER NICHT DIE NEUNUNDNEUNZIG AUF DEN BERGEN, GEHT HIN UND SUCHT DAS VERIRRTE? MATTHÄUS 18,12

Du sollst deinen <u>Vater</u>
und deine <u>Mutter</u> ehren,
auf dass du lange lebest
in dem Lande, das dir der
HERR, dein Gott, gibt.
1.Mose 20,12

Und der Wächter antwortet:
Der Morgen kommt
bestimmt, aber noch
ist es Nacht!

Jesaja 21,12

Siehe, ich komme bald und mein Lohn mit mir,
zu geben einem jeglichen,
wie seine Werke sein werden.

Offenbarung 22,12

SEI BEREIT,

dich korrigieren zu lassen, und
spitze die Ohren, wenn du etwas
lernen kannst.   Sprüche 23,12

UND weil der Ungehorsam gegen Gottes Gesetz überhandnimmt, wird die Liebe bei den meisten von euch erkalten.

Matthäus 24,12

Wie steht es mit den Menschen, die den HERRN ernst nehmen? Der HERR zeigt ihnen den Weg, den sie gehen sollen.

Psalm 25,12

Jetzt habe ich

festen Boden unter den Füßen. Dafür will ich den Herrn preisen im Gottesdienst.

Psalm 26,12

EIN KLUGER SIEHT DAS UNGLÜCK KOMMEN UND VERBIRGT SICH; ABER DIE UNVERSTÄNDIGEN LAUFEN WEITER UND MÜSSEN BÜSSEN.

SPRÜCHE 27,12

Und ihm träumte;

und siehe, eine Leiter stand auf der Erde, die rührte mit der Spitze an den Himmel, und siehe, die Engel Gottes stiegen daran auf und nieder.

1. Mose 28,12

Ihr werdet kommen und zu mir beten, ihr werdet rufen und ich werde euch erhören.

Jeremia 29,12

Du hast mein Klagelied in einen Freudentanz verwandelt, mir statt des Trauerkleids ein Festgewand gegeben. *Psalm 30,12*

SIE KOMMEN ZUM BERG ZION UND STIMMEN JUBELLIEDER AN.

JEREMIA 31,12

GEDICHTE

„Mein Name ist Ingrid Munzert, Frauchen von meinem geliebten kleinen Malteser BEN. Auch er ist ein Gottesgeschenk.

In meiner Schulzeit waren mir Gedichte ein Gräuel. Nach der Rückkehr von einem Besuch im Schloß Neuschwanstein 2009, von meinem Bürofenster auf die gerade erblühten Bäume schauend, gab mir der HERR plötzlich mein erstes Gedicht ein. Von da an schenkte ER mir die Gabe, seine Schöpfung und Erlebnisse in Worte zu fassen. Ein bekannter Aquarellmaler unserer Stadt Hof sprach von „beobachtender Prosa", was für mich ein Fremdwort war. Vor jedem Gedicht bete ich um Gottes Mitwirkung und Hilfe; daraus entstanden in den letzten 14 Jahren fast 300 Gedichte und Märchen. Gelobt sei Gott und schenke er all unseren Lesern Freude, Erkenntnis und seinen reichen Segen."

Mein erstes Gedicht

Nun sind zur Gänze sie erblüht, die „grünen Wände".
Laben unseren Blick, berauschen die Sinne behände,
wir saugen Freude ins tiefste Innere,
das Licht des Frühlings die Oberhand gewinne.

Glockenklar der Vögelein Morgengesang,
zum Lobe Gottes, ihre Lieder preisen den Herrn.
Von Ast zu Ast, auf jedem Baum,
sprießt Leben wahrhaftiger als jeder Traum.
Schenkt dem Tag ein neues Gesicht,
durchdrungen von Glückseligkeit heller als Licht.

Seidenes Blau bis zum Horizont,
dort wo wahre Liebe in Ewigkeit wohnt,
wo uns grüßt der Ahnen unvergesslich' Bild,
wo Engel uns schützen mit güldenem Schild.

Des Schöpfers Atem ist überall,
bewahrt seine Kinder vor Bösem, vorm Fall.
Umschließt einen Jeden mit Liebeskraft,
beseelt vom Gedanken, der alles schafft.

Allmächtig ist Gott unser Schöpfer, voll Güte und Gnade,
in unserem Herzen der Herr, auf dass uns nichts schade.
Lasset uns preisen den Einen, der in uns wohnt,
unser Vertrauen er mit Segen und Schutz ewiglich belohnt.

Jeder noch so kleiner Same in der Erde, durch des Herrn
Liebe und Macht ein Wunder draus werde.
Liebliche Blümlein in bunten Facetten, manch' Menschen
fehlt der Blick, dies' Prachtwerk zu entdecken.

Gebeugt von Kummer und Kram, verschleiertem Sinn,
sieht keiner die Gaben, welch glanzvoller Gewinn.
Der kleine Mensch nur in Beengung denkt,
er vergisst, dass nur einer unsere Geschicke lenkt.

Öffne dein Herz, lass los deinen Schmerz,
vertraue auf Gott und die Sorgen sind fort.
Heil und Gnade bringt seine Liebe über uns,
seine Schöpfung die einzig, die wahre Gunst.

Lässt uns atmen, riechen und schmecken
auf's Neue die Gotteskraft entdecken.
Der Heiland auf Erden, zu uns gesandt,
das Wort Jesu, das alles Übel gebannt.

Vertraue, lobpreise die Gnade des Herrn,
lass Arges im Herzen getrost in der Fern.
Der Glaube an Gott über alle Dinge,
schenkt Frieden und Ruhe, so das Leben gelinge.

Die Fliege

Ein kleines Flieglein flog ganz stumm,
aufgeregt in meinem Zimmer herum.
Fand den Weg ins Freie nicht mehr,
durch's Fenster war es wohl zu schwer.

Sitzt mal hier, verschnauft mal dort,
egal, es ist am falschen Ort.
Will draußen in den Lüften fliegen,
ein wenig noch vom Leben kriegen.

Ermüdet schon die zarten Flügel,
sehnt es sich nach grünem Hügel.
Wo nicht eingesperrt es ist,
durch's fliegen es die Freiheit küsst.

Das kleine Herzlein matt schon schlägt,
in Bälde nun den Tod es wägt.
In einem Glase endlich dann,
das Flieglein ich zu fassen bekam.

Geschützt durch meiner Hände Segen,
darf ich ihm schenken noch ein paar Tage Leben.
Lass frei es in die lauen Lüfte,
beschwingt durch zarte Frühlingsdüfte,

fliegt es davon nun ganz geschwind,
wohl wissend, dass wir Brüder sind.
Nie darfst Gottes Schöpfung du verachten,
auch keinem Flieglein nach dem Leben trachten.

Gar riesig des Menschen Hand für ein Flieglein ist,
Gottes Hand das Gleiche für uns, vergiss es nicht.
Bedenk oh Mensch, dass der Herr dich behüte,
drum lass walten für das Flieglein auch deine Güte.

Der Hund

Tiere hat Gott uns anvertraut,
man spürt es, wenn man in ihre Augen schaut.
Da ist kein Arg' und keine List,
wie es dem Menschen zu Eigen ist.

Unser bester Freund, das ist der Hund,
hält Herz und Seele uns gesund.
Vertraut voll Vertrauen uns blind,
wie ein hilflos kleines Menschenkind.

Geht treu an unserer Seite nur,
zeigt seine Liebe ergreifend pur.
Tröstet wenn in Kummer wir sind,
beglückt mit tiefen Gefühlen wie zarter Wind.

Verteidigt mit Liebe seinen Herrn,
böser Gedanke liegt ihm fern.
Der Mensch jedoch ihn oft misshandelt,
mit Schlägen seinen Charakter wandelt,

Ihm zufügt Angst und Qual und Pein
und dennoch wird der Hund voller Vertrauen sein.
Mensch, bedenke gut dein Handeln,
willst nach Gottes Geboten du wandeln.
Was du tust einem wehrlosen Wesen,
wird beim Schöpfer nicht vergessen.

Klage nicht, wenn der Höchste dann dich straft,
weil sein Geschöpf du jämmerlich verjagst.
Tiere sind Lebewesen genau wie der Mensch,
mach dich auf den Weg, damit du es endlich erkennst.

Das Meislein

Aufgeplustert, gelb leuchtend Federkleid,
strenger Frost im Land macht sich breit,
und das Meislein friert gar gscheit,
ist der Sommer doch noch weit.

Flink und geschickt fliegt es heran,
klammert kopfüber sich am Balkongitter an,
ruckt das Köpfchen hin und her,
Hunger quält es wohl gar sehr.

Mit dünnen Beinchen auf den leeren Blumentopf,
nickt gar lustig mit seinem kleinen Kopf,
Äuglein schwarz und munter blitzen,
kommt's nun auf dem Tisch zu sitzen.

Das kleine, feine putzig Ding'
hockt mitten nun im Futter drin,
knackt die Kernlein, die ich ihm gab,
sein Anblick meine Seele labt.

Nur je ein Körnchen flink es pickt,
rundum schauend, Vorsicht im Blick,
ob nicht Gefahr für's Futter sich zeigt,
doch keine Konkurrenz ist weit und breit.

Trotz gar tiefen Minusgraden,
nimmt das Meislein keinen Schaden,
hat kein Heim und keinen Herd,
wird allein von Gott genährt.

Kennt kein Jammern und kein Schluchzen,
nach jedem Körnchen ahnst stilles Juchzen,
weil es lebt in Gottes Hand,
zu meinem Balkon den Weg schnell fand.

Der Eichelhäher

An einem kalten Wintertag,
ein Eichelhäher im Laub vor mir lag.
Stahlblau strahlte sein Gefieder,
jedoch die Beinchen, müde Glieder.

Er taumelte nur hin und her,
fliegen konnte er gar nicht mehr.
Versuchte im Dickicht sich zu verstecken,
dazwischen dichte Dornenhecken.

Nach kurzem Kampf mit dem Gestrüpp,
konnt' ich ihn fassen, welch' ein Glück.
In weicher Decke eingehüllt,
die große Angst erst mal gestillt.

Im sicheren Korb dann fuhr ich ihn,
zum nahe gelegenen Tierheim hin.
In einem Käfig fand er Rast,
war er doch dort ein seltener Gast.

Aus großen Augen schaute er mich an,
wie er mir wohl ein Danke sagen kann?!
Wie ich hat er auf Gott vertraut,
weil der auf all seine Geschöpfe schaut.

Zum Glück war er nicht schwer verletzt,
ist wohl gegen einen Zaun gefetzt.
Hat seinen kleinen Körper sich geprellt,
nach Stunden war er wieder hergestellt.

Erholt konnt' er in die Freiheit fliegen,
in manchen Ästlein sich jetzt wiegen.
Nie werde ich ihn wohl vergessen,
als er in Angst auf meinem Finger gesessen.

Mein kleiner Freund, so lebe wohl,
ein Segen, dass ich dir begegnen soll.
Flieg fröhlich unterm Himmelszelt,
in Gottes schöner Schöpferwelt.

Gedanken

Grüne Wände sind nicht mehr,
Bäume düster, kahl und leer,
Blätterpracht verweht im Wind,
trübe Jahreszeit zieht ein geschwind.

Gedanken drehen sich im Kreis,
wo Vorne, wo Hinten, man oft nicht weiß,
der einzig sichere Ort,
ist dann nur Gottes heiliges Wort.

Im Herbst Natur zu Ende geht,
der Mensch auch mal vor Leiden steht,
jedoch der Frühling schafft heran,
woran der Mensch sich halten kann.

Vertrauen in des Schöpfers Gnade,
nur er allein uns tragen wird,
auf unsichtbar verschlungnem Pfade,
nur Gott ist unser sichrer Hirt'.

So wie der Winter nun bestimmt
die dunkle Jahreszeit,
macht sich in uns Gewissheit breit,
erquickend Blühen ist nicht weit.

Frühlingskraft

Oh lieber Vater wie danke ich dir,
was du täglich tust Gutes an mir.
Schenkst meinem Herzen deine Gaben,
lässt meine Seele an deiner Liebe sich laben.

Deine Schöpfung erstrahlt auf's neue,
an jeder Blume, jedem Baum ich mich erfreue.
Das strahlend Grün erfrischt die Augen,
darf genießen meinen festen Glauben.

Und drückt auch Leid meine Seele darnieder,
weiß ich um deine Gnade jeden Tag wieder.
Du führst mich behutsam, bist stets an meiner Seite,
zeigst mir liebevoll deinen Weg zur grünen Weide.

Verlass' mich bitte nie, ich wäre verloren,
ein Leben mit dir hast du für mich auserkoren.
Zeigst stetig mir wunderbare Dinge,
auf dass mein Leben mir gut gelinge.

Auch wenn es manchmal traurig ist,
weiß ich doch, dass du bei mir bist.
So schreite ich weiter mutig voran,
deine Gnade und Segen schieben mich an.

In Demut senk' ich vor dir dankbar mein Haupt,
du richtest alles, wenn man nur glaubt.
Deinen Namen will ich preisen und loben,
selbst wenn die stärksten Stürme toben.

Frühling

Der sanfte Maler beginnt sein Werk,
Riesen schafft er aus jedem Zwerg,
jeden Tag die Farben bunter,
Leben wird nun quirlig munter.

Laue Lüfte zieh'n durch's Land,
Düfte, die der Winter verbannt,
schmeicheln nun der Seele Wohl,
Herzen in freudig' Erwartung übervoll.

Vöglein die zur Hochzeit rufen,
emsig sich ein Nestchen suchen,
segensreichen Sommergarten,
auf Gottes Schöpfung atemlos warten.

Neues Leben Tag für Tag,
glückliches Treiben, wie's nur der Frühling vermag.
Strahlend helles Sonnenlicht,
uns ein neues Wunder verspricht.

Alter

Das Leben geht sehr schnell zu Ende,
leg alles still in Gottes Hände.
Das einzig' Ziel was wirklich zählt,
hast Jesus du für dich gewählt.

In jungen Jahren denkst nicht daran,
wie schnell das Blatt sich wenden kann.
So fern erscheint das Alter dir,
die Jugend bliebe immer hier.

Doch schneller als du je gedacht,
bist du im Alter aufgewacht.
Vorbei was jemals du geliebt,
dein Körper wird gar rasch zum Hieb.

Jedoch es endet nur auf Erden,
bei Gott wir reich belohnt dann werden.
Glaubst du an Jesus Christus nur,
dreht er zurück die Lebensuhr.

Verspricht all Seinen das ewige Leben,
was könnte es wohl schöneres geben!
So sei nicht dumm und glaub an ihn,
dann macht auch altern frohen Sinn.

Gnade

Oftmals ist das Leben schwer,
siehst kein Fünkchen Hoffnung mehr.
Krankheit, die dich nieder streckt,
pure Verzweiflung in dir weckt.

Fühlst dich einsam und verlassen,
nicht ein Strohhalm ist zu fassen.
Schmerz, der dir die Sinne raubt,
schlimm für den, der dann nicht glaubt.

Sprich zu Jesus, öffne dich,
sein Wort ist Wahrheit - sicherlich.
Für uns Sünder gab er sein Leben,
seine Liebe lässt die Erde beben.

Vertraue dein Leben Jesus Christus an,
nur ER allein uns retten kann.
Befreit uns von der Last und Not,
ER ist der Sieger über Teufel und Tod.

Schenk ihm deine Seele und dein Herz,
vorbei ist's dann mit all dem Schmerz.
Erkennen wirst sein Wirken leicht,
so nimm die Hand, die ER dir reicht.

Schau im Bewusstsein auf dein Leben,
nur Jesus wird immer Kraft dir geben.
Wird dich zu wahren Christen führen,
in Dank und Demut seine Gnade spüren.

Verzage nie und sei bereit,
für unsern Herrn der Herrlichkeit.
Das ewige Leben ist dann dein Geschenk,
darum all dein Streben auf Gott nur lenk.

Lebenszeit

Leben rast vorbei geschwind,
fülle die Stunden mit Sinn mein Kind,
schneller als es dir gefällt,
musst du gehen von dieser Welt.

Lächeln, wenn zum Weinen dir ist,
den Nächsten an deiner Seite nie vergisst,
findest den Weg zu Gott dann noch,
wirst leichter ertragen manch schweres Joch.

Erfreue dich an jedem Tag,
stell' Gottes Wege nie in Frag',
vertraue auf den Einen nur,
allein ER bestimmt deine Lebensuhr.

Not

Wenn Schicksalsschlag dich nieder streckt,
der Hauch des Todes nach dir leckt,
du hilflos nicht mehr weiter weißt,
die Not dich auf den Boden schmeißt.

Du schmerzhaft wahre Freunde erkennst,
Gefühl, als wenn gegen Windmühlen du rennst.
Ein jeder Tag zur Qual dir wird,
in Menschen hast du dich geirrt.

Gedanken dich nicht ruhen lassen,
du anfängst dieses Leben zu hassen,
kein Quäntchen Freude in dir ist,
weil du in Angst gefangen bist.

So streck nach seiner Hand dich aus,
in Demut lad' Gott ein in dein Haus,
anstatt in Teufels Antlitz zu schauen,
bleib in deinem Gottvertrauen.

Nur er ist's, der dich retten kann,
nur er befreit dich von bösem Bann.
Auch wenn Geduld als Folter dir scheint,
Gott ist es, der es gut mit dir meint.

Die Prüfung musst du überstehen,
den Weg, der dir beschert weiter gehen.
Und eines Tages spürst du dann,
was Gottes Kraft bewirken kann.

Ganz sacht' hebt er dich auf,
schenkt deinem Leben neuen Lauf,
verzage nicht, vertrau auf ihn,
dann macht dein Leben wieder Sinn.

Schöpfungskraft

Hast je eine Blume du wirklich betrachtet?
Vom Samen bis zur Blüte genau du geachtet?
Erkannt des Schöpfers Allmacht und Einzigartigkeit?
Hat sie erschaffen, ihn zu ehren und dir zur Freud'.

Hast Bäume du genau gesehen,
im Frühling voll Kraft in der Blüte stehen.
Im Herbst sind's nur noch kahle Äste,
erkennen kannst' darin für dich das Beste.

Wie die Natur, die Gott geschafft,
zeigt er dem Menschen die Lebenskraft.
Ein stetes Geh'n und Auferstehn,
mit Freude sollst dem entgegen seh'n.

Und hast' die Wolken schon gesehen,
wie Schäfchen sie am Himmel steh'n.
Andere wieder zart und weich,
wie der Engel Flügelstreich.

Nach einem Sommergewitter dann,
die Sonne zeigt Engelsfinger dir an.
Schillernde Strahlen bis zur Erde reichen,
grauer Dunst, er muss nun weichen.

Nach labend Regenschauer mit viel Segen,
darfst ahnen du, die Englein sich regen.
Der Regenbogen ist ihr bunter Weg,
verbindet Himmel und Erde als glitzernder Steg.

Das alles und noch vieles mehr,
brachte allein der Schöpfer uns her.
Um uns zu spenden Mut und Kraft,
nur für uns hat er all das geschafft.

Leid

Dunkle Wolken ziehen am Himmel auf,
ziehen ein auch in meinen Lebenslauf.
Böse Krankheit streckt mich darnieder,
zerschlägt meine Seele und all meine Glieder.

In bitterer Not oh Vater schrei ich zu dir,
zeig mir doch bitte, du bist bei mir.
Lass deine Verheißungen auch in meinem Leben gelten,
befrei mich von Schmerz und finsteren Welten.

Vorbei ist mein Leben, wie ich es gekannt,
Freude wurde durch Leid verbannt.
Jedoch will ich weiter harren auf dich,
lieber Vater hab Erbarmen für mich.

Für treue Freundschaften danke ich dir,
hast viel Gutes getan im Leben an mir.
Das größte Geschenk – mein kleiner BEN,
welch' Freude und Glück wenn wir uns wieder seh'n.

Euch allen danke ich von ganzem Herzen,
denkt in Freude an mich, nicht an meine Schmerzen.
So Jesus versprochen hat, wenn alles muss vergehen,
werden wir in Liebe bei ihm einst uns wieder sehen.

Schmerz

Einmal noch das frische Grün genießen,
sehen, wie bunte Blümchen sprießen.
Bäume stehen in voller Pracht,
Gottes Antlitz aus seiner Schöpfung lacht.

Einmal noch sitzen am kleinen See,
Abschied fällt schwer, Herz tut weh.
Seele versteht meinen Körper nicht mehr,
Schmerzen machen das Leben mir schwer.

Einmal an meinem kleinen Ben mich noch freuen,
keine Sekunde mit ihm werd' je ich bereuen.
Das Beste war er in meinem Leben,
bald muss ich zu neuem Frauchen ihn geben.

Einmal noch im Schnee mit ihm toben,
Gott für vergangene Gnade loben.
Dunkel ist nun die Welt in mir,
weiß nicht, wie lange bleib ich noch hier.

Einmal noch würd' gern eine Reise ich machen,
erkunden mit Ben ganz neue Sachen.
Kuscheln mit ihm, ich liebe ihn so sehr,
leider gibt es das bald nicht mehr.

Einmal noch möchte gesund ich sein,
fühle mich elend, verlassen, allein.
Kein Nutzen kein Sinn diese Krankheit mir zeigt,
Ängste und Harren ist alles was bleibt.

Was wird mich erwarten in der anderen Welt,
ob Gott seine Verheißung auch wirklich hält?!
Im festen Glauben möchte ich bestehen,
des Schöpfers Herrlichkeit wahrhaftig sehen.

Mein Kampf

Tage nur noch grau und leer,
Nächte mit Schmerzen zermürben mich sehr.
Verzehrende Angst schnürt mir die Kehle zu,
aufgewühlte Seele findet keine Sekunde Ruh'.

Warum lässt Gott all das geschehen,
hat er mein Leid denn nicht gesehen?
Hört er nicht meine qualvollen Schreie,
spür immer mehr verletzende Keile.

Was wird aus meinem Ben wohl werden?
Wie lang noch ist er ohne Frauchen auf Erden.
Meine Qual und Pein spürt er genau,
mein kleiner Schatz so traurig, doch schlau.

Mein Herz zerreißt schau ich in seine liebenden Augen,
mein Ende, ich kann es nicht fassen
und schwer nur glauben.
Was hatten wir für eine glückliche Zeit,
das Ende rückt näher, wann ist es soweit?

Mein Vater, oh Jesus hilf mir doch,
rette mich bitte aus dem schwarzen Loch.
Zeig deine Güte und Barmherzigkeit mir,
ich will dich preisen und loben dafür.

Mein Leben habe ich Jesus geschenkt,
damit er meine Geschicke wohl lenkt.
Herr, verlass mich doch nicht, richte mich wieder auf,
nur du kannst mich retten, ich vertraue darauf.

Neue Kraft

Neue Kraft die Stille des Waldes mir gibt,
Gott mich auf meinem schweren Weg vorwärts schiebt.
Hoffnung strömt ins Herz hinein,
der Herr lässt mich niemals allein.

Was hilft mir Jammern und wehes Klagen,
ich weiß mich doch von Gott getragen.
Lass mich von böser Krankheit nicht niederstrecken,
zum Himmel werde ich meine Arme recken.

Ist's auch eine Zeit mit viel Verdruss,
der Herr schenkt immer wieder mir Genuss.
Das frische Grün von leuchtend' Moos,
lässt meine Blicke gar nicht los.

Frisch geschlagene Bäume mit betörend' Geruch,
im kühlen Wald ich Ruhe such.
Dort bin dem Schöpfer ich so nah,
das Leben, es ist wunderbar.

Drum will ich mutig vorwärts gehen,
der Krankheit fest ins Auge sehen.
Harren still in Gottes Kraft,
der in mir wieder Frieden schafft.

Er wird mich retten aus der Not,
Vertrauen ist mein oberstes Gebot.
Und eines schönen Tages dann,
fängt auch für mich Genesung an.

Herbst-Gedanken

Der Herbst zog stürmisch über's Land,
und leider allzu oft verkannt.
Es ist die Zeit der Dankbarkeit,
die Lehre, die Natur uns zeigt.

Die Ernte, die der Schöpfer gab,
dass unsere Seele sich daran lab'.
Gefüllt sind Scheunen und auch Keller,
Dunkelheit kommt langsam schneller.

Der Schöpfer zeigt des Lebens Sinn,
das Ende und den Neubeginn.
Los lässt der Baum nun schnell sein Kleid,
macht so sich auf kommenden Lenz bereit.

Stellt seine Kraft auf Wurzeln um,
auf kahlen Ästen wird es stumm.
Die Vöglein fliegen auf lange Reise,
in ewiger, alt bekannter Weise.

Jedoch bevor das Licht sich bricht,
strahlt goldener Schimmer uns ins Gesicht.
Im Winde tanzend buntes Laub,
Farbenvielfalt wohin man schaut.

Der Mensch im Alter, im Herbst des Lebens,
weise und stiller, doch nie vergebens,
hoffend auf gesunde Tage,
der Herrgott ihn auf Händen trage.

Keinem bleibt der Herbst erspart,
es liegt in uns, was wir bewahrt',
den Frühling auch im Herbst noch spüren,
Mensch, lass dich doch von Gott nur führen.

Mit der Natur, so zeigt er an,
was jeder daraus lernen kann.
In jeden Abschnitt in unserem Leben,
das Beste mit Freude hinein zu geben.

Der Apfelbaum

Über 60 Jahre war ich alt,
von bestechend' prächtiger Gestalt.
An meinem Todestag hab ich geweint,
die Menschen haben's mit mir nicht gut gemeint.

Für Vöglein war ich ein sicherer Hort,
die sind nun mit mir alle fort.
Den Bienchen hab ich Nektar geschenkt,
warum der böse Mensch das nicht bedenkt?

Meine Früchte waren süß und prall,
doch kalte Menschen brachten mich zu Fall.
Hab in all den Jahrzehnten nur Gutes getan,
Sauerstoff und Schatten gespendet fortan und fortan.

Unter meinem schützenden Dach konnten
die Seelen träumen, hätte nie erwartet, dass sie
mich einst verräumen. Ohne Sinn und Verstand
haben sie mir den Garaus gemacht,
nur ein eiskalter Mensch darüber lacht.

Vielleicht werden sie mich einmal vermissen
und bittere Tränen weinen in ihre Kissen.
Für mich jedoch ist er aus der Traum,
ich war ja nur ein alter Apfelbaum.

Pfaffenteich

Halb zugefroren noch der kleine See,
mit Sehnsucht ich an seinem Ufer steh.
Diamanten gleich glitzern Reste vom Eis,
Frühling naht, das Herz wird heiß.

Schwanenpaar sonnt sich im kühlen Schein,
bald wird die Sonne wieder wärmer sein.
Fliegen über's Wasser ein paar Runden,
genießen die herrlichen Sonnenstunden.

Kalt weht der Wind durch noch kahle Äste,
doch bald zeigt Natur von sich das Beste.
Himmel ist schon strahlend blau,
mit Sehnen ich nach Gottes Werken schau.

Bäume bringen frisches Grün hervor,
Vögelein zwitschern und singen im Chor.
Blümlein sprießen zu neuem Leben erweckt,
in allem Gottes Macht und Wille steckt.

Neue Kraft er auch uns Menschen schenkt,
leise Stimme uns fürsorglich lenkt.
Ins tiefe Innere sollst du lauschen,
Böses mit Gutem ganz schnell tauschen.

Wie die Natur leg' dich in seine Hände,
nur er führt uns ans sichere Ende.
Vertrau auf den Herrn, geh voran mit Mut,
an seiner allmächtigen Hand wird alles gut.

Daydreaming

Am kleinen See sitze ich so da,
noch kühler Wind umspielt mein Haar.
Doch wärmende Sonne strahlt in mein Gesicht,
den nahen Frühling sie mir verspricht.

Auf glitzerndem Wasser paddeln Entenpaare,
ist ihre Liebe wohl die wahre?
Immer zusammen, nie getrennt,
ein jedes den Partner sofort erkennt.

Krokusse am Wiesenrand in bunten Farben sprießen,
machen sich keine Gedanken wer sie wohl wird gießen.
Die Köpfchen gegen den Himmel gereckt,
welch' tiefe Freude das in mir weckt.

Ich schließe meine Augen und träume vom Meer,
endlosen Strand zieh ich so zu mir her.
Gischtende Wellen im türkisblauen Nass,
weißer Sand, das Leben macht Spaß.

Duft von Zedern erfüllt die Luft,
erquickt die Seele mit herrlichem Duft.
Nur genießen mit guten Gedanken,
weiß mich in Gott, werde nicht wanken.

Corona-Frühling

Die Welt steht still,
wenn Gott es will.
Wie klein der Mensch in seiner Not,
nur JESUS ist das Rettungsboot.

Jedoch die Vogelschar juchzt und singt,
Lob und Preis zu Gott in den Himmel bringt.
Natur, sie blüht wie jedes Jahr,
der Mensch selten am so Boden war.

Wird aufgezeigt ihm nun mit Macht,
dass er es ohne Gott nicht schafft.
Bekehrt euch schnell und lobt den Einen,
nur er wird stillen euer Weinen.

Auf Gott vertrauen in schwerer Zeit,
damit ihr heil am Leben bleibt.
Den Blick auch auf den Nächsten richten,
mit Zuwendung seine Nöte schlichten.

Die Erde braucht uns Menschen nicht,
das schleudert mit Macht sie uns ins Gesicht.
Eins ist sicher: NUR wenn es Gott gefällt,
dreht sie sich weiter, diese Welt.

Corona-Gedanken

Der Mensch, er sitzt allein daheim,
wird's wieder mal wie früher sein?
Leben wie es vorher war,
jetzt alles fremd und sonderbar.

Kontakte werden untersagt,
egal wonach die Seele fragt?!
Menschen am Rand der Existenz,
zählen tut nur noch die Inzidenz.

Jedoch von Menschen ist es gemacht,
Konsum und Egoismus lacht.
Höher, weiter, immer mehr,
so zieht man sich solch' Seuchen her.

Nur wenige nach dem Nachbarn fragen,
nicht mal ein „Guten Tag" mehr sagen.
Von Gott hat man sich abgewandt,
Gebote sind nicht mehr bekannt.

Das Jammern ist nun groß,
wie werden wir das Virus los.
Die ganze Welt ist wie gebannt,
gespenstische Stille über jedem Land.

Bewusstsein fehlt an allen Ecken,
das kann nur Gott noch in uns wecken.
Raubbau mit seiner Schöpfung wird getrieben,
bis alle Länder am Boden liegen.

Nicht Geld ist's , was im Leben zählt,
alte Werte werden nicht mehr gewählt.
Nur Gott, der uns noch helfen kann,
drum fangt alsbald zu beten an.

In seinen Händen liegt der Segen,
will ihn uns schenken auf unseren Wegen.
Ein Leben wie es Gott gefällt,
das ist der Schlüssel für diese Welt!

Verwirf mich nicht in meinem Alter;
verlass mich nicht, wenn ich schwach werde.
Psalm 71,9

Gott, hilf mir! Denn das Wasser geht mir
bis an die Kehle.   Psalm 69,2

*Diese schönen Bilder
wollten auch ins Buch,
mussten aber leider
hier hinten Platz
nehmen, da ihre
Bibelstellen keinem
Datum entsprechen.*

Die Frucht aber des Geistes ist Liebe, Freude, Friede, Geduld,
Freundlichkeit, Gütigkeit, Glaube, Sanftmut, Keuschheit.
Galater 5,22

Denkt nicht mehr an das, was früher geschah.
Beschäftigt euch nicht mit der Vergangenheit.
Jesaja 43,18

Ist es möglich, soviel an euch ist, so habt mit
allen Menschen Frieden. Römer 12,18

Es ist leichter, dass ein Kamel durch ein Nadelöhr
gehe, denn dass ein Reicher ins Reich Gottes komme.
Markus 10,25

Ich bin die Auferstehung und das Leben.
Wer an mich glaubet, der wird leben,
ob er gleich stürbe.   Johannes 11,25

Ich weiß deine Werke, dass du weder kalt noch warm bist.
Ach, dass du kalt oder warm wärest!   Offenbarung 3,15

Der HERR heilt, die zerbrochenen Herzens
sind, und verbindet ihre Wunden.   Psalm 147,3

Darum, ist jemand in Christo, so ist er eine neue
Kreatur; das Alte ist vergangen, siehe, es ist alles
neugeworden!   2.Korinther 5,17

Denn wo zwei oder drei versammelt sind in meinem Namen, da bin ich mitten unter ihnen.
Matthäus 18,20

Meine Seele wartet auf den Herrn von einer
Morgenwache bis zur andern.   Psalm 130,6

Darum seid ihr auch bereit; denn des Menschen
Sohn wird kommen zu einer Stunde, da ihr's
nicht meinet.   Matthäus 24,44

Rufe mich an in der Not, so will ich dich erretten,
und du sollst mich preisen.   Psalm 50,15

Du bist mein Schirm und Schild;
ich hoffe auf dein Wort.   Psalm 119,114

Suche Frieden und jage ihm nach.
Psalm 34,15

Lass dich nicht vom Bösen überwinden, sondern
überwinde das Böse mit Gutem.   Römer 12,21

Also hat Gott die Welt geliebt, dass er seinen eingeborenen Sohn gab, auf dass
alle, die an ihn glauben, nicht verloren werden, sondern das ewige Leben haben.
Johannes 3,16

Wer an den Sohn glaubt, der hat das ewige Leben. Wer dem Sohn nicht glaubt,
der wird das Leben nicht sehen, sondern der Zorn Gottes bleibt über ihm.
Johannes 3,36

LU12 Lutherbibel 1912
LU17 Lutherbibel, revidiert 2017, © 2016 Deutsche Bibelgesellschaft, Stuttgart
GNB Gute Nachricht Bibel, durchgesehene Neuausgabe, © 2018 Deutsche Bibelgesellschaft, Stuttgart
BB BasisBibel, © 2021 Deutsche Bibelgesellschaft, Stuttgart

Quellen-Verzeichnis

Datum	Ed.	Quelle	Datum	Ed.	Quelle	Datum	Ed.	Quelle	Datum	Ed.	Quelle
01.01.	LU12	pixabay - jclk8888	01.02.	LU12	pixabay - Skitterphoto	01.03.	LU12	Sabine Heim	01.04.	GNB	pixabay - aitoff
02.01.	BB	Marian Höntsch	02.02.	LU12	pixabay - Efraimstochter	02.03.	LU12	123rf - spongepo	02.04.	LU12	Jasmin Stenzel
03.01.	LU12	Silke Heim	03.02.	LU12	Anja Schaller	03.03.	BB	pixabay - OliverLakenmacher	03.04.	LU12	123rf - mrwed54
04.01.	BB	pixabay - Nowaja	04.02.	LU12	123rf - zilvergolf	04.03.	LU12	Anja Schaller	04.04.	GNB	Andrea Schmolke
05.01.	GNB	pixabay - Pezibear	05.02.	GNB	pixabay - 51581	05.03.	LU17	Sabine Heim	05.04.	LU12	pixabay - qimono
06.01.	BB	pixabay - AchimRodekohr	06.02.	GNB	pixabay - ThePixelman	06.03.	BB	pixabay - Alexas_Fotos	06.04.	GNB	pixabay - Kranich17
07.01.	LU12	pixabay - VBlock	07.02.	GNB	pixabay - AndreyC	07.03.	LU12	Sabine Heim	07.04.	GNB	pixabay - ThomasWolter
08.01.	LU12	pixabay - ambermb	08.02.	LU17	pixabay - Terranaut	08.03.	LU12	Rainer Heim	08.04.	LU12	pixabay - Michele Caballero
09.01.	LU12	Anja Schaller	09.02.	LU12	pixabay - TheVirtualDenise	09.03.	LU12	Sabine Heim	09.04.	LU17	Sabine Heim
10.01.	LU12	pixabay - MabelAmber	10.02.	LU12	pixabay - lumix2004	10.03.	LU12	Simone Saupe	10.04.	BB	pixabay - taniadimas
11.01.	LU12	Gerlinde Höntsch	11.02.	BB	pixabay - Alexas_Fotos	11.03.	LU12	123rf - nexusplexus	11.04.	LU12	Sabine Heim
12.01.	LU12	Kamilla Heim	12.02.	LU 12	pixabay - ThomasWolter	12.03.	LU12	pixabay - eak_kkk	12.04.	LU12	pixabay - AbsolutVision
13.01.	BB	pixabay - Nel_Botha-NZ	13.02.	LU 17	pixabay - viarami	13.03.	LU12	pixabay - Patrizia08	13.04.	LU12	123rf - xat-ch
14.01.	LU12	pixabay - congerdesign	14.02.	LU12	Anja Schaller	14.03.	LU12	pixabay - jeffjacobs1990	14.04.	LU12	Anja Schaller
15.01.	LU12	Katrin Schubert	15.02.	LU12	Tina Giffening	15.03.	LU17	Marylin Albert-Legniti	15.04.	BB	Karin Hauk
16.01.	LU12	Sabine Heim	16.02.	LU12	Melanie Butt	16.03.	BB	Kamilla Heim	16.04.	LU12	123rf - TC_Perch
17.01.	BB	pixabay - amiraxgelcola	17.02.	GNB	pixabay - JooJoo41	17.03.	LU12	Kamilla Heim	17.04.	LU12	Maya Wagner
18.01.	BB	Sabine Heim	18.02.	LU12	pixabay - AndreyC	18.03.	GNB	Simone Saupe	18.04.	GNB	pixabay - wal_172619
19.01.	BB	pixabay - TheFunkypixel	19.02.	LU12	Rainer Heim	19.03.	LU12	pixabay - Jutzeler	19.04.	BB	Gerlinde Höntsch
20.01.	LU12	pixabay - wikilmages	20.02.	LU17	pixabay - Alexas_Fotos	20.03.	LU12	pixabay - julietphotography	20.04.	BB	pixabay - Dieterich01
21.01.	LU12	Sabine Heim	21.02.	BB	pixabay - mostafa_meraji	21.03.	LU12	pixabay - Ingrid 5598375	21.04.	LU12	pixabay - mdnirob121
22.01.	LU17	pixabay - 51581	22.02.	LU17	Yvonne Winter	22.03.	LU17	Mario Michel	22.04.	BB	pixabay - akirEVarga
23.01.	LU12	pixabay - geralt	23.02.	LU12	pixabay - jacky73490	23.03.	LU12	Marian Höntsch	23.04.	LU12	pixabay - Infinite-Creations
24.01.	LU12	pixabay - artistlike	24.02.	LU12	Marylin Albert-Legniti	24.03.	LU12	Iveta Zumrova	24.04.	LU12	pixabay - PublicDomainPictures
25.01.	LU12	pixabay - congerdesign	25.02.	LU12	pixabay - Leuchtturm81	25.03.	LU17	Elke Frankenberger	25.04.	BB	Anja Schaller
26.01.	LU12	pixabay - kassom_kone	26.02.	LU12	pixabay - Victoria_Watercolor	26.03.	LU17	Florian Engelbrecht	26.04.	GNB	123rf - kevron2001
27.01.	LU12	Sabine Heim	27.02.	GNB	pixabay - Moloch2511	27.03.	LU12	pixabay - Olichel	27.04.	LU12	Sabine Heim
28.01.	LU12	pixabay - RoamerDiary	28.02.	LU17	123rf - georgemuresan	28.03.	LU17	Sarah Heim	28.04.	LU12	123rf - ginosphotos
29.01.	LU17	pixabay - mondfisch	29.02.	LU12	pixabay - NoName_13	29.03.	LU17	Mario Michel	29.04.	LU12	pixabay - chezbeate
30.01.	LU12	pixabay - photosforyou				30.03.	LU12	pixabay - agnesliinnea	30.04.	GNB	pixabay - Snap_it
31.01.	BB	pixabay - Tumisu				31.03.	LU12	Sabine Heim			

Datum	Ed.	Quelle	Datum	Ed.	Quelle	Datum	Ed.	Quelle	Datum	Ed.	Quelle
01.05.	LU12	Sabine Heim	01.06.	LU12	Marian Höntsch	01.07.	LU12	123rf - brunonetto	01.08.	LU12	Elli Schirmer
02.05.	LU12	pixabay - floyd99	02.06.	LU12	pixabay - esudroff	02.07.	LU12	Rainer Heim	02.08.	LU17	123rf - laliko
03.05.	LU17	pixabay - cabotots	03.06.	LU12	pixabay - anialaurman	03.07.	LU12	pixabay - reidy68	03.08.	LU12	pixabay - Syaibatulhamdi
04.05.	BB	Wolfgang Heim	04.06.	LU12	pixabay - mkupiec7	04.07.	LU17	123rf - tumskaia	04.08.	LU17	pixabay - darksouls1
05.05.	LU12	pixabay - Quangpraha	05.06.	LU12	pixabay - cocoparisienne	05.07.	LU12	pixabay - Alexas_Fotos	05.08.	LU12	pixabay - Barni1
06.05.	LU12	123rf - arybickii	06.06.	LU12	pixabay - Hendy, Prasetya	06.07.	GNB	pixabay - KELLEPICS	06.08.	GNB	pixabay - silviarita
07.05.	BB	Anja Schaller	07.06.	BB	pixabay - HG-Fotografie	07.07.	LU12	Sabine Heim	07.08.	LU12	Sabine Heim
08.05.	LU17	pixabay - wgbieber	08.06.	LU 12	pixabay - mo-metallkunst	08.07.	GNB	123rf - anastasiiaz	08.08.	LU12	123rf - voisine
09.05.	LU12	pixabay - falco	09.06.	LU12	pixabay - katerinakucherenko	09.07.	GNB	Ute Gemünden	09.08.	GNB	pixabay - blickpixel
10.05.	GNB	pixabay - AdinaVoicu	10.06.	BB	pixabay - KELLEPICS	10.07.	GNB	wortwolke	10.08.	LU17	123rf - cppzoe
11.05.	LU12	Anja Schaller	11.06.	LU12	pixabay - digicampixels	11.07.	GNB	pixabay - Tommi_Rau	11.08.	LU12	123rf - asfoto777
12.05.	LU12	Iveta Zumrova	12.06.	BB	pixabay - Alexas_Fotos	12.07.	LU17	Sarah Heim	12.08.	BB	Melanie Butt
13.05.	GNB	pixabay - imarksm	13.06.	LU12	pixabay - Graehawk	13.07.	LU17	Isabella Höntsch	13.08.	GNB	pixabay - geralt
14.05.	LU12	Sabine Heim	14.06.	LU12	pixabay - nahchon	14.07.	GMB	pixabay - fsHH	14.08.	LU12	123rf - gabirosca
15.05.	LU12	pixabay - Bru-nO	15.06.	LU12	Kamilla Heim	15.07.	LU17	123rf - jakkapan	15.08.	GNB	123rf - kevron2001
16.05.	LU12	pixabay - Heike	16.06.	LU12	123rf - solerf	16.07.	LU17	pixabay - stux	16.08.	GNB	pixabay - Mysticsartdesign
17.05.	GNB	Anja Schaller	17.06.	LU12	pixabay - nickelbabe	17.07.	LU12	123rf - photogranary	17.08.	GNB	123rf - Ray_Shrewsberry
18.05.	LU12	Melanie Butt	18.06.	LU17	Sabine Heim	18.07.	LU17	123rf - jgroup	18.08.	GNB	123rf - romashkojuvia
19.05.	LU17	Heike Fischer	19.06.	LU12	pixabay - contato1034	19.07.	GNB	Sabine Heim	19.08.	LU12	123rf - shootdiem
20.05.	LU17	123rf - ngor86	20.06.	GNB	pixabay - Ri_Ya	20.07.	GNB	Melanie Butt	20.08.	LU17	Sabine Heim
21.05.	GNB	pixabay - StockSnap	21.06.	LU17	pixabay - Schroeder75	21.07.	LU12	123rf - camaralenta	21.08.	GNB	Sarah Heim
22.05.	LU12	pixabay - Yuri_B	22.06.	BB *	Melanie Butt	22.07.	LU12	pixabay - stux	22.08.	GNB	pixabay - AlanFrijns
23.05.	LU17	pixabay - JillWellington	23.06.	LU12	Marion Geupel	23.07.	GNB	pixabay - stevepb	23.08.	GNB	Iveta Zumrova
24.05.	GNB	pixabay - RyanMcGuire	24.06.	LU12	dreamstime - Kevin Carden	24.07.	LU12	pixabay - jeffjacobs1990	24.08.	GNB	pixabay - Myriams-Fotos
25.05.	LU17	pixabay - isakarakus	25.06.	BB	Andrea Schade	25.07.	LU12	pixabay - purpleshorts	25.08.	LU17	pixabay - abolanu
26.05.	LU12	pixabay - aaron00023	26.06.	LU12	pixabay - Tama66	26.07.	GNB	Bianca Weinmeyer	26.08.	LU12	Iveta Zumrova
27.05.	GNB	pixabay - PublicDomainPictures	27.06.	GNB	pixabay - RescueWarrior	27.07.	LU12	pixabay - LoggaWiggler	27.08.	GNB	pixabay - Rashid_Asgher
28.05.	LU12	pixabay - henrix_photos	28.06.	LU12	123rf - kevron2001	28.07.	GNB	dreamstime - Kevin Carden	28.08.	GNB	pixabay - Henrix_photos
29.05.	LU12	Wolfgang Heim	29.06.	LU12	pixabay - marvelmozhko	29.07.	LU17	Iveta Zumrova	29.08.	GNB	Sabine Heim
30.05.	LU12	Heiko Ruckdeschel	30.06.	BB	pixabay - Pexels	30.07.	LU17	pixabay - Nicoografie	30.08.	GNB	Marian Höntsch
31.05.	LU17	pixabay - miniformat65				31.07.	LU12	pixabay - ivabalk	31.08.	LU17	123rf - kotenko

Datum	Ed.	Quelle	Datum	Ed.	Quelle	Datum	Ed.	Quelle	Datum	Ed.	Quelle
01.09.	LU12	pixabay - Pezibear	01.10.	LU12	pixabay - Ronsa06	01.11.	GNB	pixabay - Hans	01.12.	LU12	pixabay - RondellMelling
02.09.	BB	123rf - solerf	02.10.	LU12	pixabay - Good Bye	02.11.	GNB	pixabay - geralt	02.12.	GNB	pixabay - Dieter_G
03.09.	LU17	pixabay - tillbrmnn	03.10.	BB	123rf - andreypopov	03.11.	LU12	pixabay - Pexels	03.12.	GNB	pixabay - geralt
04.09.	LU12	123rf - kevron2001	04.10.	LU12	dreamstime - R. G. Santa Maria	04.11.	GNB	pixabay - Engin_Akyurt	04.12.	LU12	pixabay - rcascoherrera
05.09.	GNB	pixabay - jplenio	05.10.	BB	pixabay - Vblock	05.11.	GNB	pixabay - sasint	05.12.	LU12	pixabay - PixxlTeufel
06.09.	LU12	pixabay - Martin Kraut	06.10.	BB	Sabine Heim	06.11.	LU12	123rf - altitudevisual	06.12.	LU12	123rf - kevron2001
07.09.	LU17	Sabine Heim	07.10.	LU12	pixabay - Alexas_Fotos	07.11.	GNB	pixabay - taneiman	07.12.	LU12	pixabay - _Alicia_
08.09.	LU12	Iveta Zumrova	08.10.	LU17	pixabay - digaita	08.11.	GNB	123rf - nomadsoul1	08.12.	LU17	pixabay - ThomasWolter
09.09.	GNB	pixabay - geralt	09.10.	GNB	pixabay - Stine86Engel	09.11.	GNB	pixabay - manfredrichter	09.12.	LU12	Sabine Heim
10.09.	LU12	pixabay - 8moments	10.10.	BB	pixabay - frantafalta	10.11.	GNB	pixabay - Briam-Cute	10.12.	LU17	pixabay - PublicDomainPictures
11.09.	GNB	pixabay - Broesis	11.10.	GNB	pixabay - ThuyHaBich	11.11.	GNB	Sabine Heim	11.12.	GNB	pixabay - Nennieinszweidrei
12.09.	BB	Iveta Zumrova	12.10.	LU12	Sabine Heim	12.11.	BB	Rainer Heim	12.12.	LU12	123rf - kevron2001
13.09.	LU12	Iveta Zumrova	13.10.	GNB	pixabay - geralt	13.11.	LU17	pixabay - Pilar_Molina	13.12.	GNB	pixabay - jingoba
14.09.	GNB	pixabay - geralt	14.10.	LU12	Sarah Heim	14.11.	LU17	123rf - dizanna	14.12.	LU12	pixabay - TheDigitalArtist
15.09.	LU12	pixabay - Pexels	15.10.	LU12	pixabay - Couleur	15.11.	BB	pixabay - KELLEPICS	15.12.	LU12	pixabay - nadja-golitschek
16.09.	GNB	pixabay - geralt	16.10.	LU12	pixabay - RoonzNL	16.11.	BB	Ingrid Munzert	16.12.	GNB	pixabay - cowins
17.09.	BB	pixabay - RyanMcGuire	17.10.	LU12	123rf - danmorgan12	17.11.	LU12	pixabay - Martin-Max	17.12.	LU12	pixabay - gartengg
18.09.	LU12	123rf - moderngolf	18.10.	BB	Thomas Bubeck	18.11.	LU12	pixabay - gersonmartinez16	18.12.	LU12	pixabay - geralt
19.09.	LU12	pixabay - kalhh	19.10.	LU12	pixabay - Engin_Akyurt	19.11.	LU12	pixabay - jackmac34	19.12.	LU12	123rf - mkopka
20.09.	LU17	pixabay - timmz	20.10.	LU12	123rf - fotokita	20.11.	LU12	pixabay - solihinkentjana	20.12.	LU12	pixabay - Alexas_Fotos
21.09.	BB	pixabay - KELLEPICS	21.10.	LU12	pixabay - jp26jp	21.11.	LU12	pixabay - Couleur	21.12.	LU12	pixabay - Littlerich
22.09.	LU12	123rf - slonme	22.10.	LU12	pixabay - StockSnap	22.11.	GNB	Rainer Heim	22.12.	LU12	123rf - halfpoint
23.09.	GNB	123rf - koldunovaaa	23.10.	LU12	pixabay - StockSnap	23.11.	GNB	Rainer Heim	23.12.	LU12	pixabay - papazachariasa
24.09.	LU12	pixabay - Tama66	24.10.	LU12	pixabay - Arcaion	24.11.	GNB	pixabay - phtorxp	24.12.	LU12	123rf - zhuravlevab
25.09.	BB	pixabay - klimkin	25.10.	LU12	pixabay - NGD Photoworks	25.11.	GNB	pixabay - cocoparisienne	25.12.	GNB	Ralph Popp
26.09.	GNB	pixabay - Mareefe	26.10.	LU12	pixabay - congerdesign	26.11.	BB	Sabine Heim	26.12.	BB	pixabay - TheVirtualDenise
27.09.	LU12	pixabay - Elsemargriet	27.10.	LU12	pixabay - virginie-l	27.11.	BB	Sabine Heim	27.12.	LU12	123rf - lehakok
28.09.	GNB	pixabay - sasint	28.10.	LU12	123rf - ximagination	28.11.	BB	Sabine Heim	28.12.	LU12	Sabine Heim
29.09.	BB	pixabay - webandi	29.10.	BB	pixabay - ThomasWolter	29.11.	LU17	pixabay - NoName_13	29.12.	GNB	123rf - choat
30.09.	BB	pixabay - kordi_vahle	30.10.	LU12	pixabay - Clard	30.11.	LU12	pixabay - Dieterich01	30.12.	LU12	pixabay - cocoparisienne
			31.10.	GNB	123rf - tomertu				31.12.	GNB	pixabay - saperlote

Ps 71,9, *LU12*, pixabay - ClaraundBen | Ps 119,114, *LU12*, pixabay - geralt | Ps 50,15, *LU12*, pixabay - Alexas_Fotos | Röm 12,21, *LU17*, pixabay - Juergen_G | Joh 3,16, *LU12*, pixabay - geralt
Ps 130,6, *LU12*, pixabay - tonyfortku | Mt 24,44, *LU12*, pixabay - geralt | Gal 5,22, *LU12*, pixabay - silviarita | Off 3,15, *LU12*, pixabay - Ofjd125gk87 | Mk 10,25, *LU12*, pixabay - mufbatz3000
2.Kor 5,17, *LU12*, 123rf - kevron 2001 | Ps 69,2, *LU12*, pixabay - Infinite-Creations | Ps 34,15, *LU12*, pixabay - Nicman | Joh 11,25, *LU12*, pixabay - Tho-Ge | Jes 43,18, *BB*, pixabay - Hassas_Arts
Mt 18,20, *LU12*, pixabay - Skitterphoto | Joh 3,36, *LU12*, dreamstime - Yafit Moshensky | Röm 12,18, *LU12*, pixabay - adametpl | Ps 147,3, *LU17*, pixabay - Blackout_Photography

Titelseite: 123rf - antonioguillem   Hintergrundgrafiken: d-signpoint   * Originaltext: Erziehe einen jungen *Mann* so,...

ISBN 978-3-00-076735-7

Saheim-Verlag, 2023
Weißlenreuth 14
95176 Konradsreuth
www.saheim-verlag.de

Druck: Müller Fotosatz&Druck GmbH
Johannes-Gutenberg-Straße 1
95152 Selbitz
www.druckerei-gmbh.de

Bindung: Müller Buchbinderei GmbH Leipzig
Ringstraße 8
04827 Gerichshain
www.bubi-mueller.de

Layout: D-SIGN
www.d-signpoint.de